U0108344

歷史選書18

法國大革命

THE FRENCH REVOLUTION

A Concise History

著＝諾曼·韓普森
　　(Norman Hampson)
譯＝王國璋

歷史選書 18

法國大革命

THE FRENCH REVOLUTION: A Concise History

●作者……………………………諾曼·韓普森 (Norman Hampson)
●譯者……………………………王國璋
●編輯委員………………………詹宏志　盧建榮　陳雨航　吳莉君
●責任編輯………………………吳莉君

●發行人…………………………蘇拾平
●出版……………………………麥田出版股份有限公司
●發行……………………………城邦文化事業股份有限公司
　　　　　　　　　　　　　　　台北市信義路二段 213 號 11 樓
　　　　　　　　　　　　　　　電話：2396-5698　傳眞：2357-0954
●郵撥帳號………………………18966004 城邦文化事業股份有限公司
●香港發行所……………………城邦(香港)出版集團
　　　　　　　　　　　　　　　香港北角英皇道 310 號雲華大廈 4／F，504 室
　　　　　　　　　　　　　　　電話：25086231　傳眞：25789337
●印刷……………………………凌晨企業有限公司
●登記證…………………………行政院新聞局局版臺業字第 5369 號
●初版一刷　1998 年 3 月 15 日

ISBN: 957-708-521-0　　　　售價：260元
Printed in Taiwan

【作者簡介】

諾曼‧韓普森
Norman Hampson

美國紐約大學歷史系教授，
著有《第一場歐洲革命：1776-1815》
(*The First European Revolution*) 等書。

【譯者簡介】

王國璋

台灣大學政治學研究所碩士,
著有《馬來西亞的族群政黨政治: 1955–1995》
(唐山出版, 1997)。

獻給法蘭索瓦與米歇列

To François and Michèle

目錄
CONTENTS

序 言

　　法國學者每年以大革命爲題出版的書籍和專論，總要
比他們探討十七、十八及十九世紀的成果加起來的還要來
得豐碩。這種現象至少顯示了史家們對該題目歷久而猶不
衰的興致。這同時也意味著，相關資訊材料之浩瀚，仍遠
非任何個人所可以完全將之消化吸納。這些材料足以讓我
們推翻幾乎所有印象主義式的歸納結論，更爲進一步的系
統性分析提供了極大的揮灑餘裕。事實上，史家們都只能
在各自認爲最重要的一部分事實上，鋪陳自己的個人詮
釋。而一旦學界的基本觀點改變，任何一項看法，都將遭致挑
戰與修正。每一個世代的人們，對於大革命的本質及其所
代表的重要意義，都會有著不同的想法。無論如何，大家
似乎都會同意，它的確無比重要。

　　以本書這類短小的文章，當然並不可能夠分量來擺平
每一項爭議性的說法，或提出有效的證據以支持每一項假
說。本書所能呈現的，毋寧是些個人陳述更甚於是項已廣
爲人們所接受之觀點的摘要。它主要是爲那些喜歡享受讀
史之樂的一般讀者而非應考者所寫。我希望，這些讀者可
以接受我在沒有附加任何較學術性之作品都應具有的形式
要件下，依據個人觀點所做的直截了當陳述。在我的每一
項看法背後，其實還是有一定的事實基礎支撐，而不僅僅
是源於自己主觀上的武斷。雖然如此，這些看法都將是可
以被挑戰的。倘若我眞能因此而挑動任何人之反駁，我當
慶幸本身的其中一個目的，經已達到。

　　歷史唯有透過衆人的創造，才可能發生。在一個穩定的社會裡，個人的角色往往並不顯著。其政策，常常是些經由傳統條件竄升至權力巔峯的人物，爲應合社會期待而擬定出來的成果。穩定社會自有其本身的保守價值，獨特的個人特質遂往往無發揮餘地。而另一方面，大革命雖亦有其本身的所謂「正統」價值，但卻仍爲各類意識形態分子與肆無忌憚的冒險家提供了更大的發展空間。當舊規則開始遭到揚棄，對於那些充滿使命感的人來說，即無異獲得了一個絕佳的(雖然往往也是短瞬的)機會。而一旦舊時代的菁英垮台，手段冷酷與性格剛毅之徒的崛起前景，就會豁然開朗。所以，我在書裡傾向強調個人的角色，一方面固由於他們已較尋常之日發揮了更大的影響力；二方面也是因爲大革命對法國以外地區所造成的巨大影響，實與那些讓時人及其後代子孫皆屏息陶醉其中、高潮迭起的人物鬥爭密切相關。不幸的是，這裡頭最出類拔萃的人物卻極少同時也是最討人喜的人物。說起來，我其實更希望對於那些將大革命視爲人類再生的一個法門，而寧爲其犧牲個人抱負、酬賞，有時候甚至於是生命的人投以更多關注。我們實在可以說，他們是極重要的一群人，而大革命的成就，主要正是來自於他們這股自我犧牲奉獻的精神。然而，這些人卻大多(至少就個別的情況來說)始終湮沒於歷史的視界之外。如果讀者因大革命中某些要角的作爲而感覺失望，至少他仍應記得那些曾使前者臣服的超凡壓力之存在

——這些壓力，幫助我們解釋了到底甚麼是「絕不可以被寬宥的」。

　　雖然我在本書中立下了「自己」的結論，而這個結論往後恐亦將屢屢招來其他史家不以爲然的辯駁，但建構本書的一磚一瓦，實仍有賴於這些史家同行們的貢獻。任何一位書寫有關大革命專題的作者，當會清楚意識到本身不過是從屬於一個國際大家庭裡的一員。這個大家庭當然也會像其他家庭一樣，存在本身的內部嫌隙與彼此間之憎惡情緒。然而若將家庭裡的任何一員排拒在外，整體之完整性即不復存在。所以，謹在此對所有這些我個人的以及僅僅透過文獻而認識的朋友們，致上我的謝意。

諾曼・韓普森

法國大革命

———

THE FRENCH REVOLUTION

第 1 章

革命的社會起源

法國大革命甫一揭幕，法國人即已迫不及待地將被顛覆的舊社會總括地描繪爲「舊制度」（ancien régime）。雖然低估了各種老觀念或舊態度透過新的僞裝存活下來的能力，然而他們相信當時的整個社會與法律體系皆已經歷了一場突兀終結的看法，卻無疑是允當的。在幾近兩百年後的今天（譯按：原書出版於 1975 年），我們若欲回頭去深入理解這個革命前的世界，當然並不是件容易的事。就某些面向而言，這個世界其實更近於古羅馬而不是我們的今日文明。

表面上看來，十八世紀時的法國與英國社會擁有許多相似之處。兩者皆仍以農業爲主導，同時大部分的人民都只能艱苦地汲汲於溫飽。此外，不論是對崛起中的城鎮居民或少數的上層階級而言，社會上的多餘財貨其實並非如此豐裕。土地不僅是財富的主要來源，擁有土地更是獲得經濟保障與社會地位的絕佳手段。多數城鎮主要皆以「市場」（market）的面貌呈現，其中某些同時也是法庭與地方政府的中心。在那裡，舉足輕重的人物首推法官和皇家官吏。手工藝仍是工業的主要形態，且常有賴於兼職的農夫或其妻小們來經營。當時存在的大型企業多爲大地主們所設，也都座落於他們各自的莊園內。在這種大致因襲傳統的經濟活動模式中，唯一顯著的例外，同時也是經濟成長焦點之所繫的，是當時的海外貿易。海上貿易迅速擴展，南特（Nantes）、波爾多（Bordeaux）及馬賽（Marseilles）等海港城

左頁：鄉間的社會關係圖像：一名領主正前往拜訪一位富有的佃農。

左頁:「這裡的道路，是些了不起的工程。」（亞瑟・楊語）

VUE DE L'INT.ᵉ DE LA SALLE
DE LA HALLE AU BLED.

巴黎小麥市場：穀物供應的重要指標。

巴黎之胃：中央菜市。

海外貿易乃法國
當時經濟成長之
所繫：波爾多港
一景。

　　鎮，則崛起而為新社會的原型。當地的富裕商人，儼然已
是國際經濟社群中的一分子。

　　雖然就當時的標準而言，法國已算得上是個富裕國家，
但其大部分人民仍僅能求基本生活需求的滿足。十八世紀
時的人口高速成長，由於沒有伴隨農業生產力的顯著提升，
遂使可用耕地承受著極大的壓力。許多人必須長期依賴慈

善救濟維生，而一場歉收就足以迫使數以萬計的百姓流落街頭覓食。政府此時總會祭出老方法來全力施爲——盡可能維持市場的供應及控制穀物的價格。然而這個國家的幅員實在太大，而其陸路交通又實在太糟，以至於某一地區的多餘物產往往極難流通至另一遙遠的省分中。大規模的饑饉雖已是陳年舊事，然而窮人們的生活仍無時不處於匱

新經濟與舊社會
的交錯：一位闊
氣的仕女正在選
購舶來品。

乏的陰影之下。這種局面，當然無法在短期內透過政治上
的努力就可獲得可觀的改善。流民在歉收時相繼淪爲鄉間
盜匪，也使法律與秩序之維持變得極端不易。在城鎮中較
貧困的區域內，暴戾行爲亦漸於這種粗野與不安定的生活
中蔓延。

　　英、法兩國之間雖有著如此眾多的共同點，但其實也
存在許多相異之處，其中最重要的歧異之一，乃在於法國

小農擁有全國約四分之一至三分之一的土地。就經濟角度
而言，這是個利弊參半的現象，因為這種零散的農地所有
權，使得大規模圈劃與科學化耕作變得極為困難。這其中，
僅少數農民擁有足以讓其終歲溫飽的農地；而他們亦大多
缺乏足夠的資本和知識來開發這些自己所能掌握的潛在財
富。無論如何，所有權的事實賦予了他們一定程度的自主
性。村落居民常常起而抵禦來自其領主們的利益侵害，雖

狩獵法使得盜獵
成為一種專業。

漫漫多夜裡，充
斥各種民間記憶
的圍爐夜話。

然爭執一旦訴諸於訴訟，他們往往注定要吃敗仗。因爲不
論是領主轄區內的法庭或皇家法庭，都會忠實反映領主們
的觀點。雖然各地的情形差異頗大，然而在許多地區，「釆
邑捐」(manorial dues)一項仍是地主們的重要收入來源，
對法國地主而言，他們寧可處心積慮地透過法律上的狡黠
手段及不合理的高昂地租壓榨農民，也不願對其所有地進
行長期的資本投資。

　　法國社會生活與英國的另一更重要差異，在於其傳統
上三個「階級」(Order or Estate)的身分認同。譬如做爲第
一階級的法國教士，即與英國教士的情形頗有出入。雖然
法國的高級教士已充分與貴族社會結合──由十三個家族

控制了一百三十個主教聖職中的四分之一———然而教士們
的獨身生活形態，畢竟強化了他們共有的一種團隊精神。
除了什一稅的可觀收入外，教會還擁有極多地產，這些財
富爲其獨立自主提供了堅實的經濟基礎。此外，教會得免
除賦稅，只需撥贈給皇室一筆補助款項，款項則由定期集
會的代表們投票決定。所有神職人員皆受教會法庭之規範，
而教會則執掌教育、大部分的醫療和濟貧事業；此外，並
與政府分享言論思想的檢查權，及爲其提供一個散播官方

教士的華儀：瓦
拉斯主教大人
（Monseigneur
de Valras）。

鄉間教區神父田
園詩式的一個畫
面。

政策訊息的重要管道。

　　塔里蘭(Charles Maurice de Talleyrand)其人其事，可
以做為我們了解前述體制如何運作的良好例子。塔里蘭的
卓越出身和家族關係，使其於年僅二十六歲時就當上了修
會會長(Agent Général)——雖然因私生活的醜聞不斷，讓
他遲至三十四歲才能攀上主教的高位。身為一位修會會長，
塔里蘭必須挺身為保衛教會總體利益而對抗俗世法庭對教
士管理權的蠶食，以及皇室及眾親王們對教會財產的覬覦。

與此同時，他又必須仰恃國家的力量來強化高級教士面對教區基層教士的各種訴求時之優勢地位，及與俗世法庭合作以壓制各種褻瀆神的、異端或煽動性的文獻。簡言之，十八世紀時的法國，不論是個人或各種社會建制，普遍陷於對多重利益的共逐中，形成一種相互糾結的局面，而極難覓得妥協。

軍隊中的軍官與一般行伍兵員間存在著鴻溝。

　　第二階級的成員是由一群高度不同質的貴族所組成，涵括範圍遍及皇室親王、古老的武士家族、因公受爵的廷臣後人，以及剛剛購得爵位或因官職而終能往貴族之路邁進的卑微小民。與英人僅由長子續爵之做法不同的是，在法國，家族中的每一位成員都能成為貴族。法國貴族與軍隊的關係也較英國貴族來得緊密，許多傑出的菁英都曾受過軍中歷練，雖然他們大多也都未能待上超過數年。軍旅經驗使他們懷抱更強烈的卓越感，並且孕育出更鮮明尚武的榮譽觀。這一點對早已察覺出英、法社會間許多相似之處的英籍旅人來說，往往使他們印象深刻。貴族在特權地位下的部分稅負豁免權及其對高尚職業幾近壟斷的情形，形塑了他們與平民之間強烈的區隔意識；另一方面，一般老百姓則根本無法於訴訟中扳倒大貴族，或迫其乖乖清償本身的債務。

　　所有外於第一及第二階級者，都被統歸為第三階級。這裡頭包括了流浪漢及家財百萬的銀行家，也有即將躋身於貴族行列的鄉紳。在法國，財富做為一種社會晉階的手

段(而非僅是以財富本身爲目的)，尤甚英國。富人們購置
地產、官職或有價證券以使自己「活得高貴」(vivre noble-
ment)，逐步邁向貴族身分的取得及其生活境界。在社會地
位的層階上，僅次於第一、二階級者，爲由專業人士構成
的群體，主要成員即散布於全國各式大小法庭中的各類律

舒茲侯爵及其家
人──溫雅生活
的具現。

中產階級縱然昌
盛，仍與貴族式
的優雅生活有段
相當大的距離。

師。他們熱中於多方鑽營前進的努力實與他人無異，且往
往自陷於利益的衝突之中。舉例而言，羅伯斯比(Max-
imilien Robespierre)二十三歲時即於阿拉斯(Arras)地方
法庭執律師業，翌年成爲主教法庭中的一名法官，年三十
一時則又已成爲另一皇家法庭的官職候選人。至於商人，
不論富裕與否，在社會上所享有的尊崇仍不及專業人士。
當然，如果這個商人確實腰纏萬貫，他仍然可以爲女兒們
「購」得貴族夫婿以助提升她們的社會地位。古老而抵制
高利貸的律法及相對原始的信用、保險體系，雖使貿易事
業充滿了風險，但很多商人卻仍然可以幸運地因其長期的

金融世界拉近了
貴族與第三階級
間的距離：波爾
多交易所的法官
與商事裁判官。

財富地位，而順利將財富轉化至相對穩當且更能提升自己
社會身分的投資項目上，並且教育造就其子弟成爲專業人
士。

　　城鎮人口率多由工匠、小店員及僕役所組成。工匠們
若非匠師(master)之子，往往就會發現他們很難躋身匠師
之林。而職工(journeymen，編按：學徒期滿的熟練工人)
們雖已逐漸懂得相互串聯以要求較佳薪資，但離「無產階
級者」的行動境界尚遠。這些人的行會(guild)不僅扮演專
業組織的角色，也是他們社會生活的重心，成員們尤其在
乎盡力爭取本身行會於宗教慶典遊行時優於其他行會的

「先行」地位。匠師與熟練職工們其實擁有不少的共同利益，包括一同抵制活躍於鄉區的非法營業同行以維護本身特權；而同為城鎮居民，他們也會因苦於麵包價格往往在各季之間波動頗大但薪資卻無大幅調整，而聯合起來對付糧食生產者。

在鄉區，群體間的利益衝突也沒有比其他地區來得單純。小農們或會對什一稅主或封建領主做出集體的抗衡努力，但對已購得什一稅或采邑捐之徵收權及慣於在農產匱缺、價格飆漲時囤積牟利的富農而言，其利益無疑已多少和那些平素遭其譴責為強豪式地主的世俗與教會領主們趨同。村落徵稅員以各農村為整體進行估稅的方法，則是引發騷動的另一潛在因素。緊張對峙之氣氛隨著每一季收成的好壞而起伏。豐收意味著每一個人的食糧與工作都有了著落；而歉收則使什一稅的負擔無形加重（因該稅乃依總生產而非總收益計徵），並造成貧困小農反過來還得仰賴地主們的慈悲借糧。此時，囤積居奇的滿溢穀倉或沉重之貨運馬車馳離飢餓農村的諷刺景象，當然也就容易招引來被鄉野草民視為伸張社會正義而非盜竊的「直接行動」。

法國人與英國人最顯著的不同之處，在於他們的政治生活——如果當時他們稱得上擁有政治生活的話。理論上法王不僅擁有絕對的權力，也是一切權威之源，依其意志擇人以代治。此雖與現實運作稍有差距，然而憲文的付之闕如卻使法國極難被視為是一個完整的政治單位。在法國

科學家兼包稅商
拉瓦錫(Lavoisier)
及其妻。

找不著英人概念下的選舉，而在這個以極不完美之方式勉
強統合起來的國家中，各方的利害焦點總是環繞在地方特
權的自我防衛上。某些較晚近才被納入版圖的省分依然保
留其地方三級會議（編按：稱為三級會議省〔pays d'états〕，
其中四大代表為勃艮第、布列塔尼、朗格多克及普羅旺斯），
以一種儀禮性的慣例方式和政府就稅務問題討價還價，透
過諮詢的偽裝紓緩權力運作下的赤裸現實。阿圖瓦省
（Artois）地方三級會議的構成方式，在這裡可做為我們理
解此類封建殘餘如何遠不及真正民選地方政府的例子。首
先，第一階級的代表權乃一小撮高級教士的專利，徹底排
除了教區基層神父的參與。大部分的貴族成員，同樣也被
排除於第二階級的代表之外。第三階級代表的構成更是獨
特。它主要是由阿拉斯市（阿圖瓦省首府）的市委員們所組
成（其市長因其貴族身分於 1789 年時亦為全國第二階級代
表之一員），外加某些特定城鎮之代表。城鎮代表昔日原都
是經由選舉產生，然而當國王開始壓制選舉權後，該項權
利已由三級會議本身購回。於是這些第三階級的「代表們」
遂由他們被假設為一分子的會議中選出，換句話說，即取
決於教士和貴族之手。這種安排一經內化為傳統而取得其
正當性後，早使眾人習以為常而不覺其異。

　　當時的地方行政大權，是操在皇家指派的「總督」
（Intendant）手上。這些中央官僚機構的代理人，不斷挑戰
教會、法庭及省三級會議這類唯一有能力與之抗衡的團體

國王接見「長袍貴族」的成員。（譯按：長袍貴族乃指與「佩劍貴族」相對的、因擔任官職或法官職而獲貴族爵位者。）

右頁：身著加冕禮袍的路易十六。

之權威。雖然如此，與官方之間的摩擦，往往仍會因眞實社會生活裡的種種利益糾葛而得到紓緩。總督或爲忠誠的「國王人馬」，念茲在茲以攀爬至大臣高位爲其政治生涯的最終野心，但他也常可能是一個嘔思爲某位兒子於地方高等法院(local Parlement)謀得一官半職、或爲某位女兒覓得實益婚姻的貴族。他的個人抱負，也不得不置於各家族間深仇夙怨與縱橫捭闔的複雜脈絡中予以調適。而正是這種複雜社會生活的歷練，往往反而成爲貴族們將來進入外交場域的絕佳憑藉。

對於王權的挑戰，其實主要來自於全國共十二處的上訴法院，或稱高等法院。這些組織總要逼得大臣們不得不於無止盡的無共識談判中，使盡渾身解數對其或哄騙安撫、或威嚇施壓。高等法院裡的法官們——大多出身世襲貴族，

但亦有因該職而取得貴族身分者——一旦購得該職，即使國王亦無權將其罷黜。做爲傳統律法的守護者，他們力求保有對國王的諫諍權，圖使後者不致踰越其正當權威。雖然如此，現實與理論之間仍然存在著明顯差距。國王可以強制高等法院登錄任何源於其意志下的法律，而高等法院對此則一籌莫展。後者所能做的，不過是帶頭組織輿情喧囂一番及訴諸司法停擺罷了。不過政府的反擊行動往往也會隨之而來，法官們被抽調至窮荒小鎮，硬生生地與他們所熟悉的安適環境割離。經過一段拿捏得宜的時間沉澱後，談判恢復，一個足以挽回顏面的折衷結果就會使原狀大致獲得恢復，而雙方則又已開始爲下一回合的交手備戰。在這場文雅的壕溝戰役中，對峙雙方都在謀取對手的輕微讓步，並把它擴大成先例，而有關皇室特權的神聖性或臣民擁有不可分割權利之口號交織成的密集烽火，卻模糊了交戰雙方原本極爲有限的作戰目標。爲了抗衡理論上無所不能的至上君主，高等法院一般而言仍得仰賴於國王麾下眾大臣間的敵對關係。無論如何，國王若不欲見司法體系崩潰，便仍需要高等法院；而攻擊專制王權最烈者卻亦往往暗中覬覦大臣權位，所以這些衝突終無大礙，不致脫離掌控。

　　法國自路易十四於 1715 年崩逝後，即淪於「談判政治」的現實，而這主要是與路易十四後繼者的個人特質有關。國王所擁有的特權與恩庇能力，原已足使一位意志堅定且

具統治才能的君主有效施展其權威。不服從者，唯造反一途。然而縱爲一方之霸，也不會有人膽敢挑戰強大的皇家職業軍隊。雖然如此，路易十五及路易十六既未眞正親御國政，也未曾集中授權予任何一位首席大臣。這種做法導致了凡爾賽宮廷內陰謀不斷，並持續消磨掉這個早已深陷傳統泥沼中的國家之創意泉源。國王不僅僅是國家元首，同時也是朝廷生活的重心所在。他在大貴族們環伺的環境下生活，自然也就容易分享後者對於處事原則的觀點。波旁王朝(Bourbon)統治者的教育養成背景及其狎近之人，遂使他們幾無可能成就類似普魯士腓特烈二世(Frederick II)或奧地利約瑟夫二世(Joseph II)的絕對專制王權。

　　在邁入十八世紀下半葉後，這整個交纏互動的體制，漸漸開始朝向某個新方向發展。對傾向於視事物之發端皆有其必然性、且擅於倒讀歷史以尋肇因的歷史學家而言，任何新的發展似乎都將被視爲是邁向革命之途的一小步。然而，我們必須對此抱持警戒的態度。某學派宣稱已辨識出一種「封建領主的反動」(seigneurial reaction)，指的是一種對采邑捐更商業化及更有系統的剝削方式，惡化了小農與其領主之間的關係。「反動」活動確有其跡，但是否就在1789年前的那個世代有升溫的趨勢，則尚未明朗。事實上，前述現象造成的結果，並不是大多數小農與貴族爲敵，而是與領地的眞正擁有者及其代理人爲敵。在法國，平民是可以購買領地的，雖然其數究竟有多少並無人知曉，但

街頭市集一景。
門牆上的其中一
幅海報，正爲某
塊采邑及其附屬
權利徵求買主。

這點已有別於大部分的歐陸地區。如果反動確有其事，恐怕在許多的相關案例中，鄉民們將發現他們眞正群起對抗的，其實是成功的富商和其土地管理人，而後者恰正是振臂擁抱革命的那群人。簡言之，十八世紀時的法國，沒有任何事情是不複雜或截然分明的。

前述史學趨勢下的另一說法，是強調了當時貴族階級間逐漸高漲的社會排他意識。這種現象的出現，多少與貴族身分的區別日愈模糊有關。社會財富的增加，使得越來越多人可以像貴族般生活，並以金錢爲他們的子弟購得軍職。在這裡，我們同樣不難於未來冒現的革命群家中，找到像卡諾(Lazare Carnot)或羅蘭夫人(Madame Roland)這類曾爲貴族之勢利歧視所苦的人，但這依然未能阻止卡諾

為自己捏造一個貴族家世，甚至於後來的恐怖分子馬拉(J. P. Marat)亦復如此。至於新進貴族們的困擾，則在於貴族圈內日愈強調是否擁有悠遠高貴的世系傳統。我們實在很難證明這種種的社會緊張，就是構成任何事件的特定肇因，然而成功者與失意者之間的裂隙，倒有助於人們在革命真正發生時，做出他們的抉擇。

　　地方高等法院敢言性格的日趨鮮明，是令人較有信心的一個結論。這裡指的不僅是高等法院更頻密或更堅決的反政府行動，更在於高等法院野心勃勃地自許為某些面貌已經混沌的中世紀古憲法的守護者，以及全體法國人自然權利的捍衛者。高等法院逐漸揚棄諸如「王國」(kingdom)及「臣民」(subject)等字眼，而代之以「國家」(nation)和「公民」(citizen)，試圖引導其諫告文的讀者以更貼近古羅馬共和國而非法蘭西王國的詞彙情境進行思考。在對抗他們公開譴責的所謂「大臣專擅」(ministerial despotism)的運動中，他們所使用的戰術其實早經法界人士仔細推敲，而後來的革命領袖亦大多出身於此。由於每個高等法院本身都只囿限於自己所在的地區，談不上是全國性的代議機構，自然不宜做為憲政權力運作的代理者；然而即便無法做為真正的政治性議會，高等法院的反抗仍然削弱了專制王權的實質，亦為絕對君權理論之逐漸崩解，提供了一臂之力。

　　當時政治氣候的轉變，事實上還有其他徵兆。傳統上，大臣(Minister)一職意味著國王的信任，信任消逝之日即為

內克——舊制度
的救亡者？

大臣下野之時，而這通常也會伴隨著短暫的難堪。然而在
美國獨立戰爭期間，路易十六卻發現他不得不起用內克
（Jacques Necker）這位來自日內瓦共和國、具有當時仍未被
法國官方正式接納的新教徒身分的銀行家。1781 年，這位

曾因宗教信仰被排擠於財政會議(Council of Finance)外
的財政大臣(譯按：事實上即相當於當時的首席大臣)，頗
不尋常地辭職，隨後並將其「上疏」(compte rendu au roi,
一種歷屆財政大臣在遭罷職時都會撰呈國王的報告)印刷
出版。這個舉動一度引起官場中人的憤慨，因為它公開了
當時仍被視為國王私務的預算細節。內克隨後透過寫作及
其夫人的沙龍論壇持續養望，故當他於 1787 年自日內瓦歸
返時，儼然已是一「內克黨」之龍頭。後來的革命領袖巴

內克，1788 年時
的英雄人物。

納夫(Antoine Barnave)就曾說過，在法國的公眾人物當中，內克稱得上是普獲民意擁戴的頭一人；而阿拉斯的羅伯斯比，則甚至視其爲法國當時的可能救亡者。1788年8月，內克終得以在一定程度上依其開出來的條件復職。

　　繼承內克的其中一位財政大臣卡洛納(C.A. de Calonne)，曾試圖運用現代方法建立商業信用，來激動經濟上的一潭死水。他對已經停擺的東印度公司進行了重組，並雇來一

卡洛納，1783至1787年間的財政大臣。

名可疑的投機客德斯柏涅修士(abbé d'Espagnac)，爲該公
司哄抬股價。卡洛納於大臣會議裡的對頭布黑杜伊男爵
(baron de Breteuil)，則雇請另一位冒險家巴茲男爵(baron
de Batz)和瑞士流亡者克拉維埃(Etienne Clavière)在其反
向操作投機。巴茲—克拉維埃小組緊接著又請來米拉波伯
爵(comte de Mirabeau)擔任他們宣傳小册的其中一名寫
手。這些人物其實都是後來革命過程中的積極角色。前述
之股票交易操縱手法，說起來還是當時法國政治裡的新鮮
事，而這也是與路易做爲法國及那瓦爾地區(Navarre)的天
主教君王，透過各種官式聲明所流露出來的道德言語格格
不入的。

　　王朝的財務狀況，一如卡洛納所深悉的，乃革命前的
年歲裡政府最操心的一件事。這種日趨破產的窘境，或有
人歸咎於財務管理不當的意外之禍，但也有人視之爲舊秩
序社會下無以避免的宿命。其實，當時的法國可能較英國
都要來得富裕，國債之重亦不逾英人。兩國每年花在償債
上的費用也都約略佔去政府開支的一半，所不同者在法國
之利率，竟然幾乎是海峽對岸的兩倍。這意味著法國國內
明顯較高的稅額，以及一旦面臨突發的緊急狀況時，較無
增稅的轉圜餘地。美國獨立革命爆發後，法國藉機支援北
美叛軍及共和分子對抗英王，以報法國新敗於英人之手的
一箭之仇，然而陸、海軍的勝利，卻也使法國沉痾已久的
赤字問題劇轉爲燃眉的危機。內克不思增拓稅源而經由大

法國皇室馳援共
和美洲：一名志
願者的出征。

規模借貸以支援戰事之舉，固爲其贏得人望，但也預爲國
庫破產鋪路。戰爭特別稅雖曾於內克下台後短暫徵收，但
當該稅於 1786 年年尾屆期停徵時，年度償債所需的花費早
已由 1774 年路易十六繼統時的九千三百萬法鎊(livre) 躍
升爲三億一千八百萬。至此，回避破產的唯一選擇，就只
剩大幅增稅一途，然而民意對此則尚未有充分之心理預期，
遂使政府不得不另採權宜而加速了革命的到來。以這種說
法看來，整個過程似早已爲諸多瑕疵的財政措施所命定。
雖然如此，我們仍然可以辯稱，偏高的利率以及稅負徵收
的不理想，乃是一個因財政機構原始粗糙及奢華皇室需索
無度而信用危殆的社會中，必然造就的結果；而另一方面，

有能力繳稅的教士及貴族，則反得以自大部分的稅項中逸
離。情勢既已至此，增稅之不易只好迫使政府繼續伸手借
錢。不斷成長的赤字以新貸款支應的做法，無異使財務困
境雪上加霜，以致局面終於惡化至不得不以政權的徹底重
組來求解套的地步。

　　1787年卡洛納提出了一個激進的新財政計畫，期使王
國重新屹立。他倡議對所有的土地——不論其為平民、貴
族或教士所有——一律徵稅；同時催促教會出售其領主權
以清償債務。而當他遭到預料中來自第一、第二階級的反

卡洛納請權貴們
於他們被國庫吞
食的不同方式間
做抉擇。

BUFFET
DE
LA COUR
Colonne Carbonier

Mes Chers administrés je vous ai rassemblés pour
savoir a quelle sauce vous voulez être mangés (reponse)
mais nous ne voulons pas être mangés du tout !!!!!!

彈時，他即轉而訴諸輿論抨擊其對手，並令全國教士將其
攻擊內容於佈道時代爲宣達。卡洛納也企圖透過權貴會議
(Assembly of Notables，一個由全國重量級官吏中檢選任
命出來的團體)，爲其政策芻議背書。然而權貴會議的代表
們卻玩起議會伎倆，要求在討論新稅之前先取得有關財務
開支的調查權。代表們甚至運用宮廷密謀等較「傳統」的
手段企圖扳倒卡洛納。結果後者之位終爲土魯斯大主教
(archbishop of Toulouse)、也是權貴會議裡的反對派領袖
布里安納(Loménie de Brienne)所取代。卡洛納將政策構
想訴諸輿論的做法，以及權貴會議的代表們對於增稅必得
先經全國三級會議(Estates General)認可的堅持，幾可謂已
使法人首度嘗到了英人理解中的「政治」滋味。這無疑是
場緊扣著全國知識分子心弦的衝突。

　　布里安納嘗試以更和解的姿態來執行卡洛納計畫中的
核心部分，但反對實力依然強悍。巴黎最高法院在新財政
法案的登錄上諸多掣肘，而教士會議這一次竟然只表決核
發了部分皇室原所預期的貼補金額。這些團體都迫不及待
地攫此良機，企圖扭轉自前一世紀以來即已成形的官僚中
央集權。這當中，部分成員僅求回復昔日舊局；部分則爲
英、美兩地的革命所激動鼓舞，亟盼將法國轉化爲眞正的
君主立憲政體。由於雙方享有共同的短程目標，因此彼此
對於法國未來社會形態的懸殊看法，遂暫時隱而未顯。當
務之急，是迫使國王召開全國三級會議——一個代表三大

階級、自 1614 年以來即未再召開過的會議。

　　布里安納及掌璽大臣(或謂司法大臣)拉莫農(Guil-
laume de Lamoignon)最終厭倦了安撫反對派的努力，於
1788 年 5 月發動一場被時人視爲革命的「司法政變」。他們
大幅削弱了高等法院及封建領主法庭的權力，創立新的皇
家法庭，爲看好該新制度之永續發展前景、願冒險一賭的
律師們提供誘人前程。前述司法革命及新的財政政策，原
似可在皇家政府及其他久爲舊制度下的權貴社會所排擠的
群衆之間，提供意見一致的基礎，然而實際上，這種情形
並未出現。出身第三階級的律師們仍然緊跟著高等法院的
步伐，譴責大臣專制。高等法院等團體的反對行動出乎意
料之外的強烈，某些省三級會議甚至也公然聲明支持法院
的立場。騷亂在一、兩個城鎮裡引燃，同時有跡象顯示，
軍隊裡的軍官們(大多出身貴族)也不會願意命令其兵卒向

OFFRANDE DE LA PATRIE AU DAUPHINÉ

Gallia delphino surgente emergit ab undis

L'Insurrection du Dauphiné sauve la France.

1788 年，多菲內
省拯救了法國
（譯按：該省名
寓海豚之意）。

其他貴族的支持群衆開火。在多菲內(Dauphiné)，一場非
法集會成功地復活了已沉睡逾百年的省三級會議。皇家政
府此時似已接近崩解。布里安納最終同意於 1789 年召開全
國三級會議，並公開徵求民間對於該會議的籌組意見。此
舉不啻意味著政治審查箝制的終結，各種言論小册遂如雨
後春筍般乍現。而幾乎所有的這些小册，都對政府懷有敵
意。起初小册中多爲譴責「專制主義之不義」的舊曲新唱，
然而隨著辯論的持續，庶民百姓攻擊高等法院及貴族的趨
向已日益增強。這種局面也許正是布里安納所欲見，但卻
沒有爲他掙來任何好處。

右頁：令人眼花
撩亂的鹽稅徵收
方式。

　　布里安納苦撑至1788年8月，國庫的長期虛空終於迫
使他以發行紙幣來償付國債。此舉造成布里安納本身的去

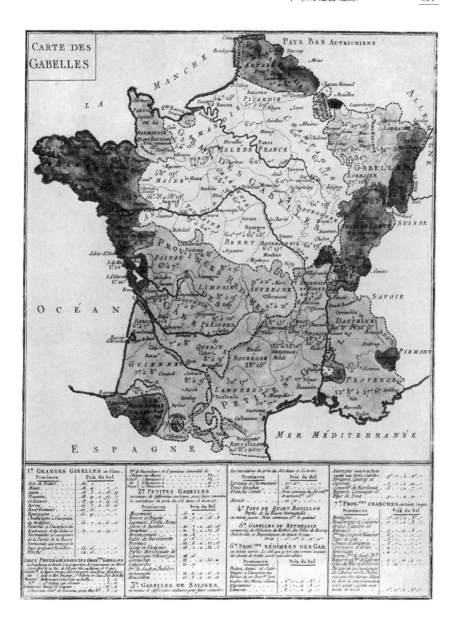

凡爾賽宮內的瑪
麗王后。

右上：凡爾賽宮
內的鄉舍群。

右下：凡爾賽宮
內的觀景亭。

職，雖然他仍獲得路易及其奧裔王后瑪麗安東尼特(Marie Antoinette)的信任。遺憾的是，國王优儷在大勢所趨之下，順勢接受了內克做爲布里安納離任後的「必然」繼任人選。問題在於，就布里安納這位傳統型政治人物而言，在排除萬難鑽營大臣高位的過程中，他始終扮演忠誠的「國王人馬」角色；反觀內克，則視自己爲民意英雄及獨立的政治家，更甚於做爲一位國王麾下的廷臣。內克重新上台後即中止了官方對高等法院的攻擊行動，也不試圖介入全國三級會議代表的選舉。此時的法國，可謂已進入了大變革的不確定時代，法國人將做何取捨尚無以預測，但意外的偶發事件，卻對其結果發揮了一定的作用。

第 2 章

革命的思想淵源

　　法國大革命與十八世紀的政治思潮淵源究有多深？這
一直是史家們無法覓得共識的爭議之一。不同的人總是以
不同的方式，評估物質與非物質因素的相對重要性；而目
前的趨勢，則是以經濟面向的強調取代從前對意識形態的
關注。我們亦須謹記，啓蒙時代諸家的關懷重心，其實並
不是政治領域方面的問題。同時，由於啓蒙時代諸家對國
家本質及政治行動目的認知差異，他們也無法凝聚出一個
各家都能接受的主體學說。而他們最具影響力的作品，也
早在革命爆發整整一個世代之前即已出版。顯然，這些思
想家並無法爲 1789 年發展出來的革命情境負責，但他們的
確主導了受過教育者理解社會的思路。當革命一幕終於正
式搬演時，新竄起的領導者對於該如何處置陡然到手的政
治權力，似已胸有成竹。就這一點看來，法國大革命與俄
國大革命的共通之處，遠勝於與英國之間的相似。在英國，
相關的理論學說往往是在革命事件發生之後，才急就章地
激盪成形。

　　啓蒙時代的意識形態遺緒，爲我們提供了三個主要的
知識體系。雖然這些體系之間在邏輯上原不相容，但實用
主義者卻樂於擷取各體系中的部分內容，以一種錯亂混雜
的方式借用來應和其空想或自身經歷。而革命期間創設的
各個議會，也從未於孟德斯鳩(Charles Louis de Secondat,
baron de Montesquieu)及盧梭(Jean Jacques Rousseau)二
人的學說之間，做出最後的定奪。儘管如此，這些各自指

左頁：米拉波爲
富蘭克林、孟德
斯鳩、伏爾泰、
盧梭以及費奈龍
(Fénelon)的亡
靈所歡迎。

孟德斯鳩年輕時
代的維妙畫像。

涉某種特定政治選項的體系之間，邏輯上仍有一定程度的
內在關聯，同時它們所指涉的特定政治選項，仍值得我們
個別地加以研討。我們也可藉此注意到，長久以來竟無人
曾嘗試將它們個別「完整地」付諸實行。即便如羅伯斯比
亦曾說過：「讓某些盧梭思想中的真理繼續留置其著作中，
恐尤勝於將之轉化為立法。」

　　孟德斯鳩曾是波爾多高等法院之一員。他於 1748 年出
版的《法意》（*De l'Esprit des Lois*），結合了從貴族觀點合
理化舊社會秩序的解釋，以及彰顯個人自由做為一個好政
府之首要施政目標的規範性分析。在權力（power）這個問
題上，孟德斯鳩對權力運作方式的關注，實比對權力位置
的關懷來得熱切。依此，他將所有政府區分成三大類型，

右頁：孟德斯鳩
獲頒桂冠。

其中第一類是建基於恐懼之上的「獨裁專制」政權，這一

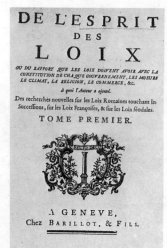

類型很快就遭其摒棄,旣將它歸類爲無法接受的政府類型,也視之爲當事物不對勁時才會造就的產物。而專制之外,剩下來的兩種政府類型即「共和國」和「君主國」。

共和國在孟德斯鳩眼中,是一個公民們皆願從屬獻身於該共同體的理想社會。言外之意,孟德斯鳩覺得公民們的群體利益傾向乃是道德的,共和國因此無異代表著德行(virtue)的勝利。由於這種自我犧牲精神係取決於開放及不受制於正規教育的獨立心靈,所以共和國最純淨的形式,應該就是民主政治。孟德斯鳩本身其實也並不確定這一類的烏托邦是否曾經在古希臘出現過,但卻相當肯定十八世紀的歐洲並無此例。做爲一位抽象的思想家,思索在前述基礎上建構共和社會的深意,無疑會是件令孟德斯鳩感到

ENCYCLOPÉDIE,

OU

DICTIONNAIRE RAISONNÉ

DES SCIENCES,

DES ARTS ET·DES MÉTIERS,

PAR UNE SOCIETÉ DE GENS DE LETTRES.

Mis en ordre & publié par M. *DIDEROT*, de l'Académie Royale des Sciences & des Belles-Lettres de Pruſſe ; & quant à la PARTIE MATHÉMATIQUE, par M. *D'ALEMBERT*, de l'Académie Royale des Sciences de Paris, de celle de Pruſſe, & de la Société Royale de Londres.

Tantùm ſeries juncturaque pollet,
Tantùm de medio ſumptis accedit honoris ! HORAT.

TOME PREMIER.

A PARIS,

Chez
BRIASSON, *rue Saint Jacques, à la Science.*
DAVID l'aîné, *rue Saint Jacques, à la Plume d'or.*
LE BRETON, Imprimeur ordinaire du Roy, *rue de la Harpe.*
DURAND, *rue Saint Jacques, à Saint Landry, & au Griffon.*

M. DCC. LI.

AVEC APPROBATION ET PRIVILEGE DU ROY.

狄德羅的《百科全書》,為啓蒙時代之縮影。

興趣盎然的事；但做爲一個務實者，他似乎更受各君主國
實際運作情形的研究所吸引，因爲他對這些運作方式具有
親身經驗。

　　與共和國不同的是，一個君主國的活力端賴君主對其
一小撮最重要子民的放任。這裡指的重要並非財富，而是
榮譽(honour)。孟德斯鳩並不諱言他腦海中所認知到的榮
譽其實不過是一種詭異的特質，取決於社會習俗，而與任
何的倫理體系都不太相關。然而在歐洲，它卻是貴族們引
以自豪的行爲準則。依此看來，榮譽反倒優位於人類甚至
上帝的律法。以決鬥行爲來說，儘管敎會嚴詞譴責，國王
亦宣布其爲非法，但普遍的共識仍是：個人榮譽一旦遭受
挑戰質疑，則不論未來是否將因此而面對流放或責難，都
不應爲之退縮躊躇。榮譽也是一種血緣世襲的特質，獨特
卓越，深爲其他的芸芸衆生所渴求。因此，榮譽概念在本
質上，便已暗示著階級社會的存在。由於榮譽乃獨立於敎
會及國家之外，所以理論上國王所封賜的勳銜，不過只是
代表了其對受封者於貴族同儕之間旣有尊崇地位的認可。
無論如何，授勳多少還是與有條件地爲君王服務有關。統
治者當然樂於享用這些廉價可得的自願勞務，雖然勞務的
提供本身亦非毫無條件。貴族男子可能會爲了一條象徵聖
路易勳銜(Order of Saint Louis)的綬帶，畢生屈就於待遇
微薄的陸軍軍職；但同時卻也保留了自由離職及臣侍他國
統治者的選擇權利。而對海軍軍官來說，海軍當局對事物

王國的最高勳位
藍綬帶的封賞儀
式。

　的看法是一回事，他們念茲在茲、視如生死的，卻往往不
是其負責護衛的商船之安危，而是所謂的「旗幟光榮」。

　　孟德斯鳩察覺到在一個人人追求私利的君主國中，任
何政治團體其實都有演變爲暴政的可能，因他們總會將公
益及其私利混爲一談。所以個人自由的維護，有賴於我們
透過對政治機構的技巧性設計來均衡社會內部的交征利，

特別是透過立法、行政與司法權威的相互區隔。他自覺已能自英國憲法中辨識出這一類的機制，即國王、貴族與庶民之間虎視眈眈的個別盤算，恰恰構成了彼此間的相互制衡，外加一獨立的司法體系，以做爲子民們排拒上位者不當干涉的最後屏障。他相信在法國，對於少數人之榮譽及全體自由的最大威脅，係來自官僚專制的主張。路易十四削弱了傳統上與國王共享權力運作的一些中介機構，這種危險做法，使得法國邁向君主獨裁。重新恢復這種古老均勢雖將使全體法人皆蒙其利，但卻只有主要的貴族團體——如孟氏身處的高等法院——才擁有足夠的手段與獨立意識，來有效抑制皇家政府的進逼腳步。

《法意》一書的精髓當然不僅於此。事實上，它稱得上是一本多少遭到忽略的政治與社會學理論傑作。以現在的眼光來看，它的貢獻主要在於：提供了地方三級會議及各地高等法院一個冠冕堂皇的正當基礎來抵禦皇家政府。在好一段時間裡，他們不斷地說服自己及周遭群眾，他們乃專橫政權強索無度下，自由的最後捍衛者。他們是在挽救君主於暴虐的誘惑邊緣，這當然不該被視爲是一種不效忠的行爲。這場「正義之戰」不僅是在尋求導正國王的偏誤，也是有心維護以榮譽界定的階層化社會的既有特質。因此，社會革命者所積極宣揚的，或於卡洛納及布里安納的計畫中已隱晦暗示的激進平等主義，都可以被嚴斥爲獨裁專制的幫兇。波塞的樞機主敎(cardinal de Beausset)於

1789 年寫信給康巴塞雷斯(J. J. R. de Cambacérès)時，就
曾提到：「當各種法人機構及社會秩序都已遭到摧毀，或退
卻至有名無實之境時，所餘留者不過『民主』；而二千四百
萬人的民主，恰正導向了專制獨裁。」只要高等法院在與君
權的頡頏拉鋸中恆處於守勢，他們就很容易維繫本身做為
公共自由守護者之形象。唯有當高等法院已勝券在握，並
藉全國三級會議的成功召開信誓旦旦欲恢復昔日的好時光
時，他們的支持者才會幡然頓悟：這些法官在倡言政治改
革的同時，其實也同樣致力於社會現狀的維持。

　　任何曾閱讀過 1788 至 1789 年間各類言論小冊的人
們，無一不因高等法院人士及其追隨者字裡行間洋溢的孟
德斯鳩色彩而印象深刻。孟德斯鳩著作裡的文句，在小冊
中一再地被引用及詮釋。舉例而言，南錫(Nancy)地區的高

「眼下於巴黎各
小冊店中發生的
一切，是令人難
以置信的。」(亞
瑟・楊語)

等法院就曾指責布里安納將好好的一個法蘭西君主國敗壞
成為獨裁政權：

> 社會階級的日益混淆、特權的廢革，以及中介機構
> 和次級權威單位的消逝，正逐日蠶食這個君主國政府
> 之根柢，並預為專橫統治鋪了路。

當持續進行中的辯論從對大臣專擅的抨擊逐漸轉移至特權
議題時，孟德斯鳩對於所謂中介機構功能的重視，也就愈
難覓得知音了。而一位憤懣不平的保守分子則開始抱怨道：
「有人已成功誘導群眾，將『特權』一詞與不正義視如等
同。」

　　無論如何，孟德斯鳩的影響遠要比高等法院的存在本
身來得長久。他對於權力分立以及要求分割權威以防杜暴
政的觀點，在整個大革命期間，依然穩據著正統教條的地
位。即使是他對於榮譽概念功能的強調，也一直為法國人
接納至 1792 年(雖然至當時這概念早已依英人作風加以擴
大，將鄉紳一併納入了貴族的榮譽光環中)。孟德斯鳩並未
倡言回到過去，同時，1791 年的憲法中縱有不少創新會惹
這位前人不快，但相較於他所活過的絕對王權時代，孟德
斯鳩大概仍會更為欣賞該憲法背後所代表之精神。

　　盧梭對於政治理論的主要貢獻——《民約論》(*Du*

Contrat Social) 一書, 於 1762 年粉墨登場, 一年之內即重印
了十二回。該書是以孟德斯鳩的一個假設爲起點, 即共和
國政制賴以維繫之基礎, 乃是其公民們對於所屬共同體的
情感認同。即使是盧梭本人, 亦常以身爲日內瓦城邦公民
而自豪。但事實上, 十八世紀時的日內瓦, 和已被理想化
了的雅典或斯巴達之間, 相似之處其實並不多; 而盧梭本
人一生與日內瓦祖國間的關係, 也總是風風雨雨、衝突不
斷。也許是因這位傑出但善變的思想家一生大半滯居法國,
才反得以對故鄉衍生出崇敬的憧憬, 並奉共和國爲政府形
式的圭臬。盧梭對其當代人發揮的影響, 主要是表現在情
感的面向上。他使衆人感覺脫胎換骨, 並以有別於孟德斯

左圖: 野外採研
植物中的盧梭。

右圖: 盧梭, 謎
一樣的大革命守
護者。

鳩冷峻古典風格的煥然文采，用如魔咒般想像力橫溢的文字，撼動人們的思想和心靈。巴納夫就曾以頗爲酸溜溜的語氣寫道：

> 他對年輕人的思想有著巨大的影響力，並且啓迪眾人，使其瘋狂⋯⋯他創造了一種全新的風格，一種糅合了熱情、德行與熾熱官能主義的風格，風靡無數，並主宰了往後的諸多文字創作。

盧梭最暢銷的一部小說《新愛露薏絲》(*La Nouvelle Héloïse*)，使他的影響力遠被於政治理論的讀者群外。他在

盧梭歌劇《鄉間預言者》中的一幕。

當時造就的政治影響，其實主要並非來自於他對主權概念
的論辯（雖然這些看法在日後也引起了極多爭議）；盧梭對
於自己悲情一生的敍述，以及其他無明顯政治內容的著作，
反而構成其政治影響的主要來源。譬如他對茱莉(Julie)這
位《新愛露薏絲》書中女主人翁所做的情節安排與敍述中
勾勒出來的美好社會，就成了 1794 年時，某些較極端革命
分子積極提倡的社會原型。

　　盧梭欲向其同時代的人們傳達的最關鍵訊息是：社會
雖已頹墮，但卻有再生之能。他基本上是個道德家，而爲
外人視爲狂熱的十字軍式激情，正是盧梭信徒與非信徒之
間的具體分野。盧梭拒絕接受沙龍聚會上喜爲時人談論奉
行的複雜私利觀點，並視人對物質生活幸福的追求爲瑣細
無益的，甚至於是有害的。在他眼中，唯一較能不爲富裕
生活下的謬誤價值觀所侵蝕腐化的社會群體，只有那些其
實他亦僅具粗淺認識的小農。盧梭與當今某些抗議運動在
情感上所具有的親密性，也是顯而易見的，雖然他活脫是
個反無政府主義者。事實上，盧梭的老式清教徒觀點隱藏
著嚴苛的社會秩序要求。他反對把榮譽社會的建構，以及
對更高生活層次的追求本身當做目的，但他自己所欲表達
的社會思想，卻多少存著曖昧。他相信一個所謂健康的社
群，是無法與貧富懸殊的現象並容的，但他卻視後者爲前
者之先決條件，並極少論及如何運用政治權力來重新分配
社會財富。

　　在盧梭的政治著作中，他很自然地傾向提倡在孟德斯
鳩眼中恰與君主國對立的共和國社會形態。一切事物都必
須被良好的組織起來，以提高該社群整體道德意志的有效
性。在任何社會中，一旦這種整體意志眞正成形抬頭，那
麼它就稱得上是一個眞正的共和國，其統治者的正式稱銜
爲何則已無關痛癢。這種「全意志」(general will)的實踐可
能及其行動自由，端賴我們對於那些孟德斯鳩所鍾愛的、
會助長本位利益的中介機構之摧毀。在將全體成年男子都
視爲公民的這個意義上，盧梭固稱得上是位民主主義者(雖
然一如他那些後來獻身革命的追隨者，盧梭並未替女性在
政治領域中安插位置)，但這裡的民主，卻是威權式的民主。
忠實反映全體社會眞正價值的全意志，在道德上是絕對無
可置疑的，但這就意味著：反對的聲音不僅將被敵視爲搞
山頭，甚至會被認爲是邪惡的。當人們假全意志之名，脅
迫異議分子俯首不得妄動甚至承認其錯誤時，他們只是強
迫他接受自由。

　　革命的未來領袖們對於由全意志概念引申出來的哲學
問題並無多大興趣，雖然對於擷用該詞他們倒是顯得樂此
不疲。全意志一詞其實並非盧梭首創，因此若將往後任何
套用該詞者都視爲借引自盧梭，毋寧是不當的。話雖如此，
情況也已是雖不中亦不遠矣。全意志一詞落在這些人手裡，
搖身化爲衝擊特權團體及神聖傳統的破城槌。這裡更重要
的，還有盧梭關於國家(state)做爲其公民道德救贖工具的

概念。就是這一點，才能賦予1789年那場由法國貴族主導
的政治危機一種普羅米修斯式的激情色彩，並使整個西方
世界的革命迷們，從此將法國大革命視為人類歷史上的一
個轉捩點。當羅伯斯比說出以下的這段話時，他儼然已是
盧梭的代言人：

　　我所提到的這兩股對立的、競奪自然支配權的精神
　　力量〔善與惡〕，正在這個人類歷史上的偉大時代裡搏
　　鬥，企圖定奪世界的最終命運。而法國，恰是這場恐
　　怖角力的中心舞台。

以上的這番話，現在已極少有人會願意同意，但話說回來，
除非我們真的能夠充分運用想像力，神入體驗這些人自擬
身處於一場荷馬史詩式悲壯戰役前線的心情，否則我們將
永遠無法真正深入理解這場革命。

　　盧梭在另一方面，也針對國家的絕對主權，向法國人
提供了新的概念闡釋。西哀士神父(abbé E. J. Sieyès)曾在
《何謂第三階級》(Qu'est-ce que le Tiers État)這本1789年
最著名的言論小冊中寫道：「國家的存在先於任何事物，並
為萬事之源。它的意志恆合於法，它就是法律……一國之
意志不論以何種面貌呈現，本身必足以將之付諸實踐。國
家的任何形式都是正當的，其意志，恆為至高法律。」這在
當時無疑是一個嶄新的觀念，而這個觀念往後雖歷經起伏，

西哀士神父，被
大革命遺忘的
人。

卻賡續了一段相當長的時間。

　　盧梭動輒訴諸於情感的風格，關於政治即道德的看法，
深信人類可以透過世俗手段浴火重生的信仰，以及他對當

時社會的深惡痛絕所造就的爆發性影響，實早已遠逾其本意。在爲革命揭開序幕的隆隆輿論砲火聲中，盧梭的感召力量，在某些激越的政治主張及衆人的激情言語中皆清晰可見。「當人類的權利瀕臨危險邊緣時，」言論小册《一個法國公民的吶喊》(*Cri d'un Français citoyen*) 中如此寫道：「激情或狂熱就是理性的本質。此時，唯有冷漠是瘋狂的。」小册中關於「社會契約」的詮釋，也都不曾爲貴族的自主渴望留有餘地，而國王亦僅僅保住了一種名義上的角色：「故君王之權勢當永居於次位並多所節制，畢竟其道德權威仍淵源自全意志……全國三級會議之權力地位，遂當優於君主。」

　　在革命初期，國民會議嘗試與國王及貴族尋求妥協之舉，曾一度使懷抱千禧年熱望的盧梭忠實信徒，被迫退守到政治反對者的崗位。即使當盧梭的特殊語彙被廣泛借用，如於 1789 年 8 月的「人權宣言」(Declaration of the Rights of Man) 中宣稱法律即「全意志之表達」時，這些語彙背後較爲激進的深意，其實已刻意遭到忽略。然而 1792 年後，當國王已遭廢黜而深陷革命狂潮中的法國亦已和歐洲大多數國家開戰時（同時也與相當可觀的法國同胞進行內戰），部分當權者開始有自覺地企圖建構盧梭所夢寐以求的理想社會。一如 1917 年後的列寧，雙方都在嘗試以一種由上而下的方式，各自澆灌出早已由盧梭及馬克思幻繪出藍圖的社會模型與社會價值。但與馬克思不同的是，盧梭對其理

想中的新生社會之經濟基礎，從未曾投以適當關注。他的追隨者對此也是腦袋空空，除了再次祭出以消費者利益為前提的傳統經濟掌控方式，及引介以目前的眼光看來非常溫和的「先進」稅制外，並無太多想法。這多少是因為他們的盧梭主義，其實早與革命意識形態中的第三項思想要素相結合，此即「經濟自由主義」。

　　想要將各種自由觀念的源起統歸於一人之名，必定是徒勞的。它們約於同時在英、法境內出現，各有源頭，並且從未被形塑成一種單一、整體的法則。起初，它們頗得利於宗教思想由慈愛神訓取代懲罰性神訓之轉變。早在1733年，波普（Alexander Pope）就曾在其《論人》（*Essay on Man*）一書中，自我陶醉地以為已經打發掉一個孟德斯鳩和盧梭後來都得面對的中心問題，亦即當責任與私利發生衝突時該如何解決：

　　　　故上帝與自然共構一個普世框架，
　　　　並令私愛與社會融而為一。

一個世代之後，法國的重農學派也曾將他們的經濟理論奠基於類似的天佑（Providence）概念上。農業是財富的唯一來源：工商業的作用不過是促進物貨的流通或有利其集中；然而每年一度的奇妙收成，卻是農民只以一小撮播種

換回的盈筐農產。不過，在經歷過一段宗教熱情逐漸冷卻
的歲月後，這些理論也開始走向世俗化並褪去其道德色彩。
讓一個社會及其成員邁向富足，不僅本身即被視爲目的，
也幾乎成了政治的唯一目的。只要有人願意假定貧窮是犯
罪行爲的首要根源(事實上很多人確實如此認爲)，這種想
法就會取得某種道德上的正確性。由於上帝之於個人的恩
寵早經注定，因此欲達富足之境，每個人所能做的，唯有
戮力於自己的私益。所有的衝突，不論是介於階級或國家
之間，皆因無知及偏見而起。政府的角色被局限於科學化
的行政管理工作，主要職責則在維護個人意志的自由發展。

　　就某些方面來說，經濟自由主義思想稱得上是三項革
命意識形態中最激進者。雖然在孟德斯鳩和盧梭的思考中，
社會經濟活動模式往往被視爲是穩定而缺乏變化的，自由
主義者卻已預見到在自由競爭、勞力分工及利潤循環不息
的再投資環境下，物質豐盈的改善程度將是前所未能想像
的。長遠看來，他們的想法無疑是正確的，即使是活在富
裕社會現狀的今人，亦很難能夠坦蕩地對他們提出批評；
但就短期而言，他們能爲普羅大眾提供的貢獻卻是極少的。
在一個物質匱乏的年代裡，採行經濟放任，事實上即無異
於拒絕以下這種曾被柏克(Edmund Burke)頗爲細膩地闡
述過的想法：「做爲一個政府，甚至做爲一名富人，都應該
把接濟窮人視爲其權限範圍內的事，可以此取悅上帝，免
遭背棄。」易言之，這些窮民活該挨餓。即使是在豐年時期，

經濟上的供需定律仍將使勞動者的所得，微薄得僅足以讓他持續有效地勞作並生養其背負同等宿命的下一代。這種只將人視爲生產代理者──不論其爲資本投資者或僅不過是「勞動之手」──的傾向，激起了內克及羅伯斯比的極大反感。

　　這種新態度同樣也令許多貴族感到渾身不舒服。它使貴族們一向珍之重之的許多非物質性價值，如家世、家族關係甚至於榮譽本身，都失卻了一席之地。如果經濟自由主義的價值觀在貴族眼中眞的被鄙視爲暴發戶的信條，那麼我們就不該輕率地把它假設爲資產階級──而不論他們是誰──共有的意識形態。這個價值體系爲資本的擁有者提供物質酬報，而這些人大多即是地主。採礦、採石及鐵礦冶煉等行業，即使仍未被完全視爲農業的分支活動，至少也已是大型地產開發中的輔助性活動。一個人到底終將

玻璃製造業，少數向貴族開放的工業之一。

伏爾泰。

選擇接納這些新思維並藉以開發其土地的經濟潛能，還是視它們為具社會顛覆性的洪水猛獸而加以排拒，端視個人的性情和教育背景而定，而與階級利益較無關係。他們或許會毫不含混地追求資本更甚於鑽營社會地位，但兩者兼具者實大有人在，並且都已在摩拳擦掌準備迎接革命初期階段的到來，冀圖藉此進一步改善自己的社、經處境。

　　另一方面，經濟自由主義者的政治觀念卻是頗見矛盾的。譬如伏爾泰 (Voltaire) 就因曾痛苦地意識到法國社會中保守力量的強大，以及注意到任何試圖建構代議政府的努

伏爾泰爲大革命
所接納。

力到頭來都只會強化那些最落後保守的分子(如高等法院)，竟然轉而選擇開明專制。在他們眼中，真正重要的，是政府追求的政策究竟為何？而廷臣如杜爾哥(A-R-J. Turgot)——路易十六繼統後曾短暫掌管法國財政者——或卡洛納，似乎便能為科學化的行政管理提供最好的前景。在 1789 年之前，人們似乎都還不敢期盼一個既能奠基於代議政制、同時又具前瞻性眼光的政府出現。

革命之前，法國政府未曾持續嘗試實行自由經濟政策雖是事實，但這個事實背後其實隱藏著某些不為人知的困難。首先，在鐵路出現以前，根本就無所謂全國性的市場；而人們自以為是的迂腐常識，則往往限制了地方分工及特殊化的進展，以致地方性的饑荒仍無法避免。務實的行政官吏都會十分清楚地知道，理論家們無論說得如何天花亂墜，在一個諸物匱乏的年代裡，自由貿易無異天方夜譚。小農們老式的道德經濟觀念，使他們毫不可能會願意為經濟自由而挨餓；也沒有任何政府會擁有足夠的力量，可以於同一時間內好好鎮住其轄下的全體飢民；而後者卻往往仍能從觀念傳統的鄉紳及體貼的教區神父當中，獲得些許同情的接濟。

當革命的一刻終於來臨時，前述的新自由主義正統，至少已有某些部分幾乎為所有的知識分子所接受。同時它也很容易以一種較鬆散的方式，與來自其他方面的政治觀念相結合。英國的保守主義者如柏克，當仍會同意激進革

沙龍聚會。

命分子桑茹斯(Antoine de Saint-Just)於1792年提出的觀
點:「人民是在要求一個關於食物供應的法律,而對此予以
正面立法回應永遠是不智的。」革命分子之所以能夠成功地
迅速將法國轉化並留下如此深遠影響,原因之一,正是這
種知識階層間的共識。革命分子往往不僅坐而言,也將之
化爲實際的行動計畫積極推行,而不似舊朝諸臣因感於王

朝積弱無以壓制既得利益者的反彈，而寧將計畫束之高閣。

　　即使要冒上嘮叨的惡名，仍然值得再次強調，當時的
人並未將革命中的諸般衝突，視為一場抽象概念間的抉擇
大戰。即使是最相反的理論，都能在他們的辯論磨坊中碾
成有用的思想食糧。一位小冊子作者在以盧梭式的口吻宣
稱：「我們生而為公民，在成為國王的臣民之前，我們亦皆

「驢子永遠是驢子」(譯按：喻蠢蛋)：逃避理性的催眠術。

爲祖國之子……國王不過是其王國中的第一子民」後，卻轉而呼籲支持孟德斯鳩和洛克的主張。我們可以肯定的，只是他們的政治思潮確實深受啓蒙時代之影響。在許許多多針對軍官們發表的演說中，借其中一位講者的話說：「慈藹的哲學以思想之啓蒙撫順你的性情，並教誨你做爲公民之價值。」我們無以評估 1788 至 1789 年間各類言論小册的讀者群究有多大，但無疑他們廣布全國而非僅限於巴黎一隅。小册作家們在全國各個不同的地域相互應答，從《一位多菲內鄉紳致一名土魯斯市民的信》這本小册，便可看出全國性對話已然開始。相對而言，鄉區受到這股狂潮的波及程度較小，鄉村居民更憂心的是 1788 年那場災難性歉收。不過整個司法界、城鎮中的上流社會以及貴族和敎士

們，全都已意識到他們正活在一個知識狂飆騷動的不尋常時代裡；而正是前述諸人間的對招拆招，構成了往後大革命的主要戲碼。

　　革命前的論辯趨勢，整體而言是充滿高度批判性的。攻擊的焦點先是政府，到了 1788 年秋天，則轉瞄向了高等法院及貴族。這種爭議連綿多月、愈演愈烈之後，人們對於即將召開的全國三級會議必將較 1787 年的權貴會議更難駕馭之勢，實已心裡有數。細心的觀察者或許已然看出，輿論攻擊的焦點早從「邪惡的大臣專擅」游移至貴族的特權與自矜上了。如此一來，若有人能巧妙地把握住這個良機，則國王與第三階級間的結盟，並非毫不可能。

國王向權貴們發表演說。

Présenté par M. Courtin
le 27 avril.   39.e district.

Vérifié
Maudemainne

Cahier

De L'assemblée Partielle du Tiers État
de la Ville de Paris tenue dans l'Église
de Sorbonne le 21 et 22 avril 1789.

L'assemblée proteste avant toutes choses contre
le mode de convocation des assemblées de district,
en ce que les intérêts de la Capitale s'y trouvent
blessés par la destruction de la Commune, dont
tous les habitants ont fait partie jusqu'à présent,
sans distinction d'ordres, et encore en ce qu'on
n'a pas laissé le temps de pouvoir rédiger avec
soin les propositions particulières que chaque
assemblée de district auroit pu faire, pour
contribuer à la rédaction du Cahier Général:
en conséquence l'assemblée demande que pour
éviter de tels inconvéniens, il soit avisé dans
la prochaine tenue des États Généraux aux
moyens de fixer une forme de convocation
légale, et telle, qu'en réunissant tous les
Citoyens de cette grande Ville, elle y procure à
chacun d'eux le double avantage de faire
connoître son vœu personnel, et de profiter
des lumières de tous: n'entendant néanmoins
la dite assemblée que la présente protestation
puisse retarder la tenue si désirée des États
Généraux, et priver le Royaume des fruits qu'il doit
se promettre de la réunion des connoissances
du zèle, et des Efforts des Représentans de toute
la nation.

L'assemblée se Bornera à présenter ici
l'apperçu Général des grands objets qui doivent

　　大革命期間人們所運用的語彙、象徵符號甚至於政治理論，在全國三級會議正式聚會前，實已發展完備。獨裁專制乃「九頭蛇怪」(hydra, 譯按：爲希臘神話中一種頭被斬去後就會再生出兩個頭來的海怪)，軍隊則總是「無法羈勒」——當然，軍人們若猶記得自己「生而爲公民」，則另當別論。布里安納及拉莫農的支持者屢屢被各地高等法院冠上「無恥」及「祖國的叛徒」等惡名；而內克恢復高等法院地位之舉，則被人以豎立各式各樣的凱旋門、方尖石碑及富譬喻意味的遊行方式歡慶。這一切，往後都將成爲革命慶典中的招牌情節或安排。而由一位熱心者提出、欲做爲叛亂的多菲內省首府格勒諾勃(Grenoble)代表性徽紋的圖案，則是一尾頂著自由之帽的海豚。就精神層面而言，革命此時早已經開始了。

左頁：一份來自巴黎的訴怨陳情書。

第3章

黎明朝息中的狂喜

1789

    1789 年爆發的政治危機，其實是由最高法院、地方三級會議及高級教士們刻意挑撥激盪，以迫使君權安於其「本分」的手段。然而未及等到 1788 年終了，這些人已開始在發愁自己是否失算。當內克於 11 月間再次召集權貴會議以商議全國三級會議的安排事宜時，與會權貴對於第三階級撰寫的小冊中盈塞敵意言論之憂心，早已掩蓋過他們再接再厲打擊王權的興致。基於策略考量或自身判斷，這些人轉變方向，試圖警告國王正視社會秩序即將遭到全面顛覆之威脅。一份由某些皇室親王領銜的備忘錄宣稱：「一場即將撼動政府根柢的革命正在醞釀……王權已遭質疑；有關國內兩大階級（指教士與貴族）應享何種權力之看法亦已分歧；財產權更是即將面臨挑戰……已經開始有人提議，若欲清鏟封建特權，就不得不先求推翻蠻橫的壓迫體制。」特權階級懼怕政府與第三階級攜手聯盟，共同以他們的利益為犧牲，狐疑著這是否就是內克的盤算。德波塞（De Bausset）於 1789 年 1 月時寫道：「我想我只能為政府鼓勵第三階級騷動的做法感到悲嘆……這個政策的始作俑者就是前任大臣〔布里安納〕……是其本於對貴族、法官及教士的憎惡心理而發。」

    非常倒楣的，這場政治危機的發生正巧碰上了災難性的歉收。1788 年 7 月的一場異常雹災，使農作物遭到了嚴重摧殘。英國大使館當時就曾報告，有路人遭到整整十六吋圓周長的雹石擊斃。「可以確定的是，一個幅員至少三十

左頁：對采邑捐和什一稅的壓制行動，團結了三大階級。

里格(league，譯按：為舊長度單位，約等於四點八公里)廣
的鄉區(在韓波依葉〔Rambouillet〕附近)已遭徹底蹂躪。」
在東北部，根據地方三級會議估算，光是阿圖瓦省的財物
損失，就已逼近二百萬法鎊(約八萬英鎊)。這種情勢無可
避免地造成了原本在春季時分就容易因庫存漸耗而上揚的
麵包價格，一路狂飆。海諾(Hainault)一地的白麵包從 1 月
份的每磅三又四分之一蘇(sou，譯按：一蘇相當於二十分
之一法鎊)陡漲至 5 月份的六蘇，並持續維持這種價格水平
月餘。在阿圖瓦地區，窮人吃的全麥麵包則於 1788 年尾至

代表苛捐雜稅的
九頭蛇怪，正遭
迎頭痛擊。

A BAS LES IMPIOTS.

Le DEFECIT

1789 年 6 月間漲逾雙倍。即使是在尋常的年歲裡，這種嚴重的局面也已意味著麻煩之將至及瀕於騷動邊緣的危險境地。英國的農業經濟學家亞瑟‧楊（Arthur Young）當年整個夏季都待在法國，曾經記述他不時聽人說起「要不是麵包價格居高不下，赤字問題應還不致引發革命」。

　　面對著容易輕信傳言、大多為文盲而又無可靠資訊來源的鄉下人口，十八世紀時的行政官吏都清楚意識到：前述情形一旦遭撩撥激動，其後果將不堪設想。他們了解即使是處在最佳情勢下，一場納稅者都有權利投票的全國三級會議代表選舉，以及允許人民以教區為單位在這個過程

布里安納在內克正向國王保證他有為國庫留下充裕財富時，悄悄捲款潛逃。

中分別呈附其訴怨陳情書(cahier)的做法，顯然都只會帶來麻煩。鄉民們將這場史無前例的變化發展視爲其仁君欲傾聽訴怨以迅速導正所有偏誤的想法是可以理解的，這種期待造就了他們在選舉期間的驚人秩序；然而當他們無可避免的失望與日用食糧價格之眩目飆漲交會時，留下來的唯一問題，就只有今夏的騷動究將以何種面貌呈現了。

　　該年3至4月間的全國三級會議代表選舉，對整個法國而言，都是一種全新的政治經驗。新野心激盪著舊夙仇，地方社會隨時處在因激烈爭執而分崩離析的情況下。整體而論，第三階級或稱得上是三大階級中較具內部凝聚力者。在阿拉斯及其他各處，他們爲共同擺脫寡頭貴族對會議代表選舉的影響而達致一定程度的團結。另一方面，幾乎每一地的教士團體都因基層教士的反叛而陷入分裂，後者正以手中的一票，抗衡長期以來擅代其言的主教、修院院長及其他高級教士。英國大使在向國內報告巴游(Bayeux)地區的主教已被迫辭去其於岡城(Caen)的職位後，繼續提到：「一股衝著高級教士而來的類似反抗精神，正在整個王國內瀰漫。」第二階級裡的情形，也不見得較爲安寧。下諾曼第(Lower Normandy)的貴族們拒絕選出任何公職人員或軍官爲代表；而曾一度控制阿圖瓦三級會議的當權者，則被會議的大多數代表透過票決驅趕下台。至於布列塔尼(Bretagne)地區的貴族們，則索性全面杯葛全國三級會議。

　　1789年5月初開始群集凡爾賽(Versailles)的代表們，

事實上仍都帶掛著選戰後留下的累累傷痕。第一階級共二百九十一名代表，因高、低階教士間的尖銳對立，已談不上是個整體，其中，來自基層的教區神父構成了多數。貴族代表有二百七十位，分歧主要是存在於朝臣與鄉紳之間，其中有高達四分之一的代表，是那種隨時準備放棄自己的特殊地位以換取新生法國公民身分的「自由主義者」。第三階級在內克對輿論從善如流下獲得了較其他階級多一倍的代表人數，雖然這一點若置於三大階級個別議事、表決並互具否決權的限制下，並無多大意義。它共由五百七十八名代表組成，代表們彼此幾乎都素不相識，對全國民眾而言亦復如此。此外，第三階級代表內部也談不上有任何的

第三階級的雙倍代表權。

三大階級議員出
發至凡爾賽，第
三階級駕駛前
導，教士和貴族
則維持著一種不
甚安定的平衡。

政黨組織或政治領導，他們大多是來自於各省城的律師或
地方富農，橫看豎看都不像是一般人認知中的「激進分子」。
他們是有產者，對自己與未受過教育的勞苦大眾之間的鴻
溝其實十分自覺；但另一方面，他們也對貴族始終貶抑其
社會地位的態度耿耿於懷，立志攫此良機重塑國家新貌。
起初，來自同一省的代表傾向於匯合並採取一致行動；然
而隨著會議本身的發展，政治觀點的契合與否卻逐漸超越
了省籍因素的考量。無論如何，在整個大革命期間，我們
依然無法尋出任何近似於現代紀律性政黨的組織身影。

　　普瓦圖(Poitou)地區的貴族代表費里耶侯爵(marquis
de Ferrières)，在5月4日會議開議彌撒的當天，即為現場
的氣氛所深深感動。費里耶其實不是一個言詞浮誇之人，

他給妻子寫的信也總是實際而充滿親暱的叨叨絮絮。當這
樣的一種人，竟能於一封私函中迸出如下的熱情話語時，
無疑是令人側目的：

> 眼前的景象迅速變得模糊……對於祖國的熱愛，在
> 我心中烙下了深刻的印象。直到此刻，我方才領悟連
> 結我們每一個人與這塊土地，以及連結起我們兄弟同
> 胞之間的力量，何其有力。謹向我誕生及度過年輕時
> 的歡愉時光之法國宣誓，我絕不辜負眾人榮耀予我的
> 信任，當積極維護交託至我手中的利益；也絕不縱容
> 任何無關公益之事物，主導我的判斷或意志。

正是這段誓言的庇佑，才使費里耶後來得以安然度過大革
命中的恐怖時期。

對一個活在為物質利益鑽營或為公職競爭不擇手段的
時代裡的憤世嫉俗者而言，其為前述那種狂熱欣喜的情緒
所浸染，並不叫人感到驚奇。這當然不是費里耶這一類人
的過錯。如果我們無法體會他們深信萬事即將煥然一新與
更上層樓的心情，我們將永不可能參悟得透 1789 年。即使
是當事者，在歷經往後多年的辛酸、猜忌與失望心情的洗
禮後，往往也都無法再一次回憶起當時的熾烈氛圍。

引頸期盼中的全國三級會議，甫一開議即彷如澆了眾
人一頭冷水。政府雖已授與第三階級較其他階級多出一倍

的代表名額，卻遲未宣布究竟本次會議的表決方式是採

按人計票(by head)，抑或循舊例以階級爲單位(by Order)，

並讓每一方互握對其他二者的否決權。每個人心裡都有數，

如果表決是按人計數，則貴族中的少數自由派分子、教區

出身的基層教士以及第三階級中的大多數代表匯合起來，

將使改革者成爲會議多數。爲防範於未然，貴族代表們迅

1789年5月5日,
全國三級會議的
開幕盛況。

速完成其代表資格鑑定並昭告團體本身的階級獨立地位。
而基於剛好相反的理由,第三階級則宣稱所有代表的資格
鑑定,都必須經由三大階級來共同完成。在這個要求達到
以前,他們寧可自視爲只是一群已經被選出、卻仍未正式
集會的衆人。雙方對此都互不相讓、態度強硬。隨著時間
的推移,第三階級愈加自信,而宮廷貴族則使出了渾身解

數拉攏鄉紳代表。費里耶在 6 月 5 日致其妻的信中天眞地
寫道：「阿圖瓦伯爵(comte d'Artois, 國王的弟弟)也待我非
常好，每次碰面，他都主動與我交談……妳是否曾經想過，
我親愛的朋友，妳的丈夫有朝一日也能與王公大臣相交！」
但是僅僅過了一週，費里耶的語氣卻已開始充滿警戒：「這
裡充斥著太多我並不想被捲入的小陰謀。」全國三級會議開
議六週，一無結論；而麵包價格卻從未停止過飆升。

　　第三階級最終以擅將會議於 6 月 17 日改名「國民會
議」(National Assembly)，及拒不承認任何不願出席會議接
受資格檢核的代表之舉，突破了僵局。情勢至此，一直嘗
試扮演中立角色的政府遂不得不介入以避免場面失控。於
是，一場御前會議開始在安排，以讓國王得以闡明其意志。
6 月 20 日，當第三階級慣常使用的議事地點因爲這場御前
會議的前置作業而被暫時關閉時，吃了閉門羹的第三階級
代表基於被解散的恐懼，遂集體轉往了附近的一個網球場
舉行緊急會議，宣誓除非他們已爲法國制定出一部憲法，
否則絕不解散。兩天後，半數的教士代表即加入了他們的
行列。

　　6 月 23 日國王向三個階級的聯席會議發表演說，首次
揭櫫宮廷的政策。在憲政議題上，路易十六的讓步遠逾期
待。他同意接受全國三級會議定期集會的安排，而這個會
議將得以掌握往後有關國家新稅、舉債及某一程度的政府
歲支控制權。國王也同意終止皇家特務對平民的濫捕、確

立新聞與出版自由的原則、重組法庭並著手清除國內的貿易壁壘。此不啻意味著波旁王朝絕對王權時代的終結。另一方面，路易十六卻向貴族保證維繫他們的獨特身分認同，以及「所有依附於土地、采邑或個人之上的實質及榮譽權利與特權」。其宣示，始於以下之坦率聲明：「國王希望完整地保存國內三大階級間的古老區隔，一如王國之古憲中所基本規範者。」路易十六拒絕承認由第三階級更易之「國民會議」名稱，同時宣布三大階級仍須在所有涉及任何一方特定權利的議題中，分別進行議事及表決。路易十六至此，實已陷其王朝於護衛貴族權益而非己利的危險情境中，雖然他自己也許還未曾察覺到這一點。

「網球場誓言」被提升至一種超凡的神聖境界。

巴伊，巴黎的首
任市長。

　　法國大革命不論是在法國或其他各地，長久以來始終
盤繞於人們想像世界中的原因之一，便是其過程中戲劇性
偶發事件及不朽衝突場面之豐富。網球場誓約事件已經激
盪出民眾的熱情。當國王步離會場而司儀官命令第三階級
代表散去時，據說時任第三階級議長的巴伊（J. S. Bailly）曾
答以「無人可以對集會中的國民下令」；而一向獨行其是的
貴族米拉波，則適時以誇張的語氣補上一句：「除非迫於武
力，我們絕不離席！」西哀士神父也提醒其同事說：「今日
的你們，仍一如昨日（指國民會議）」。面對這種局面，國王
似乎選擇了讓步。6 月 27 日，他甚至命令那些依然頑固的
教士與貴族代表屈從加入多數。

　　由於相信革命已經落幕，亞瑟・楊於 6 月 28 日離開了
巴黎繼續前往法國東部探察。然而事實上，路易十六不過
是在拖延時間，調集軍隊前往巴黎的命令早已發出。在隨
後的兩星期裡，這些軍隊異動的傳言開始流入會議；而當
會議向國王提出申訴時，卻被告誡以「少管閒事」。一支爲
數近三萬人的部隊──其中大多爲較不受革命宣傳影響的
外籍單位──預計於 7 月中即可抵達。當大部分應召前來
的軍隊都已陸續進駐後，國王即將內克及同情他的大臣們
一併罷黜。至此，雙方各憑實力比拚的對峙局面已無可避
免。手中並未握有任何武力的國民會議，已在開始揣測接
下來他們立刻會面臨領導成員被補及遭強制解散的厄運。

　　然而事態的發展卻遠逾眾人想像。內克被黜的消息於

德穆蘭正對著聚
集在王宮內的群
眾發表激昂的長
篇演說。

7月12日清晨傳抵巴黎，那一天恰好是週日，意味著任何
想要進行示威的民眾都有餘暇走上街頭。在激情的演說者
驅策下，群眾開始聚集並要求武裝起來。皇家軍隊的指揮
官伯森瓦爾(X. X. Besenval)，下令皇家日耳曼外籍兵團
(foreign regiment of Royal-Allemand)驅散杜伊勒利宮
(Tuileries)附近群眾，而一場小衝突造成了數名平民掛彩
及據稱一名百姓的死亡。「屠殺」消息導致早已深受革命宣

蘭博(Lambesc)
的部隊正向杜伊
勒利宮內的群眾
發動衝鋒。

聖拉撒爾修女院
遭到搜尋囤糧的
民衆掠奪。

傳洗禮的法蘭西衞隊走出了營房，以其平素所習之軍事訓練加入了抵抗的行列。伯森瓦爾於是只好將其部隊撤至巴黎的外圍郊區。在巴黎城內，武裝的群衆縱火焚毀了平素用來鳩收食品入城捐的關卡，並開始搜索各處囤積的穀糧，使得聖拉撒爾修女院(convent of Saint-Lazare)在這個過程中亦難逃遭到搜掠的浩劫。

　　這個時候，每一個人其實都已意識到陷入無政府狀態的危險。騷亂雖導源於政治，卻已有演變爲一場大規模饑饉暴動的勢頭。在凡爾賽，會議爲劫掠與縱火的傳聞感到驚怖，卻又無力採取有效的遏制行動。而將這場騷亂順勢轉化爲革命的，則是那些負責選出巴黎市全國三級會議代表、並持續以某種政治俱樂部形式進行集會的巴黎選舉人。

巴黎市授拉法葉
以國民軍之指揮
權。

這些既受過教育又生活悠適的人們，對於向被視爲保衛人
民與國家免於饑饉及財政崩潰的內克之去職，自然也就容
易出現與群衆一致的情緒反應。他們不但不爲生命財產的
威脅所懾而求助於皇家軍隊，反而乘勢接管了市政府，並
開始籌組自己的民兵——如一把兩刃利器的「國民軍」
(National Guard)，既可對付正規軍隊，也可用來壓制騷亂
者。國民軍以非凡的速度組建，到了 7 月 13 日晚間，規規
矩矩的小市民們在街道上的武裝巡邏保障下，已經對治安
恢復了信心。巴納夫曾就此評論道：「巴黎民兵多爲資產者
鞠躬盡瘁；它既起而維護公共秩序，亦令暴政爲之膽怯。」
　　這支意欲達致整整四萬八千人目標的新武力，急需武
器和彈藥。7 月 14 日，群衆開始在巴黎傷殘士兵之家

(Invalides)外聚集。由於傷殘士兵之家司令官的錯誤行動及負責衛戌之退休老兵拒絕向示威群眾開火，院內的軍械庫在絲毫未經戰鬥的情況下即被掠奪一空。所得軍械包括爲數約三至四萬枝的毛瑟槍及十二座大砲，惟並無火藥。基此，巴黎選舉人逐開始與位於巴黎另一端的中世紀古堡巴士底獄(Bastille)的總司令官洛內(De Launay)談判，希

自巴黎傷殘士兵之家取得的大砲。

來自傷殘士兵之
家的大砲和法蘭
西衞隊，在攻陷
巴士底獄的行動
中扮演了決定性
的角色。

望由他那裡取得火藥供應。躊躇不定的洛內邀請對方代表共進晚餐，同意不向群眾開火，但拒絕讓國民軍佔據巴士底獄。群眾於是開始在堡外匯集最終並進佔了前庭。此時有人開了火，觸發一場你來我往的陣地戰鬥，直到法蘭西衛隊趕到並動用從傷殘士兵之家攫來的四門大砲後才分出勝負。圍攻者折損約莫百人，衛戍者卻僅亡一人──雖然洛內及其他六人在城堡陷落後即慘遭殺害。

　　對巴士底獄的攻擊行動事實上乃其指揮官躊躇不決下的意外結果。它的淪陷，昭示了巴黎市民的決心。皇家軍隊陡地從巴黎近郊撤離並解除了對於這個城市的威脅。於

巴士底獄的末日。

是，這宗明顯揭示革命力量沛然莫之能禦的事件遂被大肆宣揚強調。一位英國的目擊者報告說：「有關這宗非凡事件的消息……讓群眾留下了難以言喻的深刻印象。瞬發之狂喜充塞人心，任何極度歡愉之情緒下所可能出現的表達形態，舉目可見……這種迅烈而一致的極度欣喜情緒，依我看來，的確是人類前所未嘗經驗過的。」巴士底風暴無疑是做為中古殘世與宮廷專制遭平民百姓英勇地一手覆滅的絕佳象徵，因為該獄不僅曾是名號最響噹噹的國家監獄，還曾於不同時期分別囚禁過伏爾泰及狄德羅(D. Diderot)。國民會議下令將該堡拆除，而承包這個工程的商人則因為

在巴士底獄的廢墟上起舞。

將拆卸下來的城堡石塊做爲紀念品出售，狠狠地發了一筆橫財。前述事件在歐洲引起的廣泛關注，也是驚人的。法國的駐聖彼得堡大使，據說就曾於消息抵達之日在該市的街道上翩然起舞。即使如義大利托斯卡尼(Tuscany)一地的百姓，亦難抑喜悅之情。而向來不太欣賞法國人或激進分

做爲國民軍一員
的奧爾良公爵。

子的英國駐巴黎大使也不得不承認:「相較於事件的規模來　　反革命的觀點將
說，這場我們所知的最偉大革命，只付出了極少數的生命　　換來粗暴對待。
代價。」革命的傳奇毫髮無損地被口耳傳誦，一如布萊克
(W. Blake)的〈法國大革命〉詩中所云:

　　　　晦暗霧幕中，指揮官屹立於恐怖堡塔
　　　　　　聆聽驚恐
　　　　麾下千人*，皆法蘭西之百鍊老將，
　　　　　　吞吐著火紅的焰雲和版圖……

　　似乎不曾有人為洛內及其他一小撮暴民暴力下的受害
者流下過太多眼淚。即使人道關懷者如費里耶，也可以如

*事實上，洛內麾下僅約一百一十人，而所謂的「老將」，不過是些退休老兵。

此大而化之地說:「我從來無法想像,平素善良溫和的百姓竟可以狠心幹下如此過分的事來。然而神聖正義之伸張,卻亦往往假手於人類。」

在巴黎上演的一連串血腥與戲劇性事件雖爲眾人焦點之所聚,但就其實質意義而言,更重要的,還在於類似的城鎮革命陸續於大多數法國城鎮重現之事實。它們的目標都十分近似,即顛覆貴族的寡頭統治、組建國民軍及佔領軍事要塞——雖然這並不就表示在每一個案例中,革命都得以竟其全功。不消數日,對於國家及國內各地間通信的掌控能力,已自朝廷手中逸逝。正是這種情勢,使得陸軍大臣(Minister of War)向國王提出了遷離凡爾賽的建議。「我們固然可以遷至麥次(Metz),但到了那裡之後,我們又可以有什麼作爲呢?」路易於是採取了消極的聽命態度,並再度詔喚內克返朝。至於阿圖瓦伯爵及其同夥,則選擇離開法國。至此,企圖以武力遏制革命已是一種奢望——除非這股力量援自國外。

這場規模宏大的危機,不斷地爲全國催生一波又一波的強勁流言。以費里耶的情形來說,依其性情,我們當可以想像當他提筆寫著家書時,一定還是餘悸猶存:「巴士底獄的陷落確實挽救了我們。若非如此,14日星期二晚及15日星期三恐即爲吾人忌日。」如果連受過教育的會議代表都認定朝廷意圖謀害他們,那鄉民們相信王后及阿圖瓦伯爵正密謀收拾會議的想法,也就不足爲奇了。

做爲鄉紳的阿圖
瓦伯爵。

　　無論如何，隨著收成季節的逼近，鄉區裡的緊張氣氛
已經升高，因爲此時成熟中的農作最易遭致天然災害及人
爲縱火的摧殘。當貴族陰謀破壞農作的傳言掠過飢餓農村
時，即曾引發廣泛的農民暴動。然而這些騷動，竟然出奇
地沒有讓多少人丟掉性命。一般說來，鄉民們皆以摧毀領

主的領地紀錄爲滿足，雖然偶爾他們也會一併將領主的城堡付之一炬。這些叛亂活動幾乎立即伴隨著一種史家稱之爲「大恐慌」(Grande Peur)的怪異現象出現。事實上，這不過是各地個別存在的一些恐慌心理於全國大部分地區迅速蔓延開來的結果。該時期恐慌心理的特色，即是鄉民們堅信成群的盜匪已侵入其地，正在幹著焚毀農作、井中下

大恐慌時期：城堡被焚，但堡主卻被允許不受干擾地離開。

左頁：未雨綢繆，一位領主籠絡其農民的親善行動。

平民百姓的公敵
包括律師(右圖)
及領主的獵場看
守人。

毒及屠殺地方百姓的勾當。古老的記憶使他們傾向於認定
這些人就是英國人、西班牙人或皮德蒙人(Piedmontese)
——我們實在很難想像法國人的民間記憶究竟對波蘭人留
下了什麼惡感,以致後者竟被繪聲繪影地說成在大西洋沿
岸登陸了!地方居民的反應,毋寧是憤怒而非恐懼的。各
個村落自行武裝了起來,並以組織機動巡弋小隊的方式相
互支援。起初,幾乎所有人都對上述傳言深信不疑。亞瑟‧
楊於 7 月 27 日時,也曾如此這般地提到過這一類的風聲鶴
唳,雖然他於五天後即又轉而對此嗤之以鼻。當虛擬中的
盜匪無法具體現形時,已經被動員開來的小農們有時候即
會乘機侵掠那些不受歡迎的領主莊園。而當危機漸漸消退,
人們很自然就會像 1940 年 9 月英國人面對無中生有的德
軍登陸謠言時一樣,懷疑其中必有蹊蹺。貴族普遍被視為

幕後黑手，而鄉間小民則自恐慌中走出了憤怒與猜忌的心情。

　　拜巴黎叛亂之賜而得以存活下來並正著手於制定新憲的國民會議，卻因前述種種紛擾事件的壞消息，打斷了它原在興頭上的會議辯論。當有關確實發生過的暴動及焚莊事件之情報與「無處不在」的盜匪出沒通報交織出現時，任何人其實都已無法再清楚判別各種傳言的虛實，而議員們遂有了全國皆已深陷於燎原大火中的錯覺。城鎮中的革命活動以全然符合會議期望的方向發展：權力紛紛移轉入會議支持者之手；而已在全國各地成軍的國民軍，則為那些憂慮財產被威脅的人們提供了信心保證。然而議員們卻無法從鄉區的暴力動亂中沾到任何好處，因為他們當中不少人本身即是地主或地主的法律代理人。另一方面，要求國王以武力恢復秩序必定會冒犯眾怒，且軍隊一旦向平民開火，難保其只將矛頭對準鄉間小農。在鎮壓與安撫的兩難抉擇間，尤其麻煩的是，許多議員壓根兒就覺得采邑捐的撤廢，無異褻瀆神聖的財產權。

　　直到 8 月 4 日，議員們才終能為其兩難困局解套。解套的策略，乃成形於由布列塔尼地區議員們成立之俱樂部，亦即已漸以「雅各賓」(Jacobin) 之名廣為人知的俱樂部。該俱樂部因以租借自道明會教徒(Dominicans，該派教徒之暱稱即雅各賓)的處所聚會而得此名。雅各賓俱樂部其時儼然已經成為全體激進議員的政治總部。在一場多數貴族議

關於 8 月 4 日之
夜的紀念章。

員皆未出席的晚間會議中，兩位自由派貴族獻議貴族階級
應得自願聲明放棄其部分領主權，遂以此回避了所謂固有
權利遭剝奪與否的難題。他們的倡議，隨即觸發了一幕或
許非經雅各賓分子事先擘畫好的驚人場面。來自一、二階
級的議員代表，一個接一個地站了起來，宣布放棄他們自
己──有時候甚至於是他人的──特權。聲明人數之多，
使眾人竟不得不為此排起隊來。僅僅數小時間，個人對領
主的義務即以這種無償的方式獲得了揚棄，而永久性租約
現在則開始可以金錢贖購回來；狩獵權、領主司法權、什
一稅以及任何形式的財政特權，也都遭到了廢抑。鬻官舊

例及個別城鎮與省分擁有的各式各樣特權和豁免權，自此
也都一併走入了歷史。正義從此再無拘束，所有的職業開
始向全體競爭者開放，而教士們則提出願意割捨因身兼數
個聖職而超過約一百五十英鎊外的聖俸所得。

　　這無疑是項任何其他國會都難望其項背、且於一日之
內成就的雄心壯舉。它是反對人士對於國王 6 月 23 日演說

寬容的聆聽告解
者：第三階級扮
演了這個不計前
嫌的角色。

革命前後(下頁)：
居下風者如今卻
已掌握優勢。

內容的修正結果，而這個結果實已令整個政治情勢爲之一
變。會議本身從此不再自限於理當一、兩個月內即可功成
身退的制憲角色，而是已企圖將幾乎所有國內的建制都予
以變革。8月4日自棄特權行動所蘊涵的深意，正是標示著
一個地方政府新制度的肇建、全體各級法庭的重組、新財
政結構的成形、一個已被剝奪了半數收入的教會之內部劇
變，以及向爲貴族囊中物的軍隊之轉型。會議以驚人的速
度向前運作，但這畢竟是需要耗上數年而非數月即可了事
的浩大工程，而一旦功成，法國必將脫胎換骨。當議員們

宣稱他們已全面摧毀了封建體制時，雖不無誇大，但毫無
疑問的是，他們已經宣判了舊制度的消亡。

　　現代史家們大都傾向於採取一種好奇而瑣細的態度，
來探究前述這些值得紀念的重要事件。他們往往一頭栽入
采邑捐的問題裡，或是注意到在隨後一週正式草擬法條時
的論辯過程裡，欲削除推翻某些已承諾讓步的企圖。這些
批判性的研究確實挖掘出一些內情，而 8 月 11 日出爐的相
關憲案正文，的確已多少不若原草案來得「豪邁」。議員們
在抉擇究竟何種封建義務仍該被視爲財產而應加以保留的

過程中，採取了保守的觀點；而其他准予贖買的部分，則因條件不低而非絕大部分的小農們所能企及。後者一直要等到 1792 及 1793 年，才終得以真正卸下重擔。雖然整體說來，小農們的確已從狩獵權及領主對磨坊、烤爐、葡萄壓榨機之壟斷權的廢革中得利，然而佃農們卻發現其地租在經地主追加與(已遭取消的)什一稅同額的租金後，反而提高了。無論如何，就財產上的意義言，8 月 4 日的立法誠然遠談不上是場社會革命，但它確確實實創造了一個新的社會。

對於上述成就，某些時人仍多保留。「看看我們這些法國人，」米拉波說：「他們可以花上一整個月的時間為(關於人權宣言內文中的)音節問題爭執不休，卻於一夜之間顛覆了王國的整個傳統秩序。」不過米拉波的反應畢竟不是當時的典型。既得利益者竟然慷慨自廢特權的舉動，確實孕育出一種熱烈的兄弟情感。「多麼偉大的民族，多麼耀眼的榮耀，多麼榮幸得以生而為法人！」一位第三階級的議員杜凱斯諾瓦 (François Duquesnoy) 如此寫道。即使是本身在這個過程中損失不貲的費里耶，也將該會期譽為「任何國家所曾進行過的會期中最不朽的一次。而這正是法國人尚義的典型表現。他們向世人展現了當榮譽感、對於公益的熱愛，以及英雄式的愛國情操充塞時，法國人所能做出的巨大犧牲與寬大胸懷。」甚至於國王的姊妹，一位想當然耳堅持皇室權益的頑冥分子，也曾告訴過她的一位朋友：「這些

米拉波。

貴族們以一種無愧於法人胸襟的熱誠，正式聲明放棄了他們所有的封建與狩獵特權……這是一場互較犧牲的競賽，他們已全陷魅惑。」這在當時，幾乎就是衆人的一種共通情緒。然而這種情緒最終卻爲仇恨與猜疑所蠶食，實在是革命過程中的一個大悲劇。當時的巴黎市長巴伊，就曾深刻地留意到這種現象。當他於兩、三年後動筆寫下其回憶錄時，巴伊以哀愁的語氣談到了那個著名的夜晚：「美好的時光啊，你到底已經變成什麼了呢?」即使是費里耶，在往後的歲月裡，也開始覺得：「一種仇恨的感覺，以及那種孜孜於復仇的盲目熱情而非追求良善境界的渴望，似乎正在燃燒著衆人的心智。」

法蘭德斯兵團的煽動性保皇情緒。

　　路易十六當然並未分享這股普遍的狂熱情緒。事到如今，想要以武力對付國民會議已嫌太遲。於是，路易十六

開始採取消極的不合作政策，並遲遲不願將 8 月 4 日的法
令和人權宣言詔布全國。這一來馬上就逼出了一個問題：
國民會議到底構不構成為一個有主權的憲政實體？抑或它
的每一提案仍需經由國王御准（顯然大多無望取得）方為有
效？議員們在相信皇室並無其他退路的情況下，對其之限
制都僅止於口頭警誡。然而這種抑制措施並不為巴黎的激
進分子所接受，首都內部於是開始有人施壓醞釀一個凡爾
賽地區的遊行，企圖要使國王膽怯。法蘭德斯兵團（Flanders
Regiment）恰於此時被傳召前來加強宮廷內皇室警衛的舉
動，以及隨後的一場狂歡宴會中兵團酒醉的軍官們與宮中
仕女聯手演出的一幕反革命戲碼（譯按：尤指他們將所謂
法國國民的象徵——三色帽徽——拋於地下踐踏的情景），
引來了新聞界與街頭演說家的借題發揮與恣意攻擊。如同

國王一家被引導
至巴黎。

英國的漫畫家對
於那些「民主主
義者」並未留下
良好印象。

1789 年及整個大革命過程中常常會出現的情況一樣, 政治
議題到頭來總是會與人們對糧食供應的關切糾結在一起。
巴黎此時正在鬧著麵包荒。這一季的收成固然理想, 但近
日來的動盪不靖卻導致農民們的卻步, 不願將其穀物販售
至市場; 而無風少雨的晴朗夏季則同時妨礙了風磨坊與水
磨坊的運作。謠言開始盛傳說, 凡爾賽宮內還有許多的麵
包囤放著。10 月 5 日, 一群為數約數千人的婦女從市政廳
搜括出所有她們所能取得的各項武器, 隨即展開了一段向
皇宮方面進發的「長征」。該日稍後, 為數或達兩萬人的國
民軍也開始迫使其指揮官拉法葉侯爵(Marquis　de　La
Fayette), 帶領著他們朝同樣的方向前進。當然, 這些軍人
腦子裡想的, 可就不是單純地只有麵包了。

　　國王並非不能了解眼前正在發生的一切背後所代表的
政治義涵, 於是馬上明快地御准了國民會議所提呈上來的

各式法案。婦女們在經過國王以各種承諾安撫後，也已大致平靜了下來；而國民軍則被交付予宮殿外維持秩序的任務。10 月 6 日清晨，一些找不到一宿之地的巴黎民眾侵入宮內，並且殺害了一或二名的禁衛軍。他們強行闖入王后的寢宮，瑪麗王后驚險逃離。整個皇宮頓時陷入一片喧囂混亂，群眾攻入庭院，堅決要求國王全家遷至巴黎——事實上也就等於是讓他們擺在那裡做為革命的「人質」。

自此之後，國王與王后都開始了某種形式的反革命活動，雖然他們對阿圖瓦伯爵及其組織國外干預力量的努力始終不表信任。在國民會議內部，一群有一定數量的少數派相信：事態的發展已踰越過甚，反過來希望能抑制革命的發展並與國王取得某種程度的妥協。英國大使館在經歷了 7 月的一連串莽動事件後，也終於恢復了它對事物的洞察力。在一則有關皇室成員被迫遷至巴黎經過的快報中，大使館另外還提到：「老百姓盲目而不顧一切的意志主導了全局，而眾人莫不懷著恐懼與戰慄的心情屈從於他們的政府，因為『眾生平等』及『少數就得乖乖聽從多數』的危險箴言，如今正掛在每一位無賴的嘴上。原來在上位的階級如今失掉了一切；然而貴族的順從自制、理性及良好之教育背景，有朝一日或許仍將使其重據高於芸芸眾生之上的優勢地位。」法國境內外縱還有許多人遠未受到眾生平等之危險箴言波及困擾，但「美好的時代」(beaux moments)已經開始在褪逝了。

第 4 章

舊瓶新酒
———
1789.10-1791.9

左頁：統一的法國：1790 年 7 月 14 日舉行的「聯盟節」。

　　全國三級會議，或其目前自號之制憲議會(Constituent Assembly)，持續開會至 1791 年 9 月。約有半數的會議議員出身貴族或教士的事實，意味著法國國內的分裂現況，亦將於其國會中得到忠實反映。會議論辯不僅常常喧鬧尖刻，也流於過度的冗長囉唆，因爲學院出身且鮮於政治經驗的議員們，往往傾向以事前就已備好的演講內容和對手在議場內互轟。他們在各委員會中表現出最佳狀態，透過委員會龐大的活動量重塑了國家的整體結構。一直到國王於 1791 年 6 月自巴黎出逃前，他們還不致因首都內部發生的嚴重騷動而分神，而多數城鎮中的情勢也都相對的平靜。從當時的美國大使莫里斯(Gouverneur Morris)的日記中，我們當可發現那些不怎麼高明的沙龍清談持續如昔，而政治種種，不過平添上流社會議論的新題與陰謀蠢動的良機。在鄉區，脫序現象事實上反而是比較嚴重的。農作物的豐收依然無法防阻暴力與燒堡事件的發生。整個事態的發展或已確實變得更糟，但更重要的還是人們普遍的不安全感。國王對於那些他已無力阻逆的法案，猶頑抗不願予以接納；一些貴族則紛紛出走國外(並非基於恐懼，而是期待有朝一日得以領導國外的干預部隊重返)；而國內的反革命陰謀雖未如愛國黨人(patriotes)所相信的那般毛骨悚然，倒也是如假包換確實存在著。凡此種種，在在意味著 1789 年時的歡愉情緒，至此已漸爲一種猜忌、仇恨與恐懼的複雜心情所取代。

新聞自由。

　　前述過程亦頗因新聞出版界尖刻謾罵式風格的興起而加速。大量的報紙（雖然其中大多短壽）對於各類政治人物恣意誹謗，卻無須面對任何制裁。小報街的文匠們藉機尋回自我肯定，利用大革命為自己在舊制度時代「才不為世重」的鬱鬱情懷出了一口鳥氣。然而，由於人們對部分文匠忠實為其幕後老闆效命操筆之陋習仍充滿疑慮，因此一些更聳動的「內幕報導」遂亦難為人所信賴。無論如何，負責任的編輯和信譽卓著的報紙雖寥寥無幾，畢竟還是有的；同時，我們也已不可能評估得出這些「陰謀故事兜售者」的讀者群究有多廣，或其應為社會仇恨的深化分攤多少確切責任。不論起因為何，當時的社會氣氛無疑已愈發

乖戾，而此亦非巴黎一地獨有之現象。

　　如果不是倚仗啓蒙時代的意識形態遺緒，制憲會議將永不可能具備足夠的自信來推動法國各類建制的改革。大部分的議員相信，傳統並非什麼了不得之事；而與其緩慢地在那裡構築先例及做即興式改革，倒不如索性以依循特定原則建構出來的新國家一舉代之。其目標在於以理性及劃一的準則重組整個國家，讓所有的公職都得以開放選舉，摧毀王國行政上的中央集權，並在他們的所有作爲中注入「哲士」(Philosophes)的人道觀。1789 年 8 月表決通過的「人權宣言」，正是他們有意以之做爲評鑑未來所有政府——而不僅只是法國政府——的原則性聲明。它強調了人民主權、代議政府以及依法而治的原則。言論自由(即使是宗教方面的意見)、新聞出版的自由以及財產乃神聖不可侵犯的觀念，對當時的英人來說雖已是再熟悉不過的事，但在歐陸則仍屬鮮事。宣言的大半內容事實上建築在當時法人極廣泛的共識基礎上，即使連國王本身，也已在其 6 月 23 日向議會發表的演說中，表明接納了宣言中的許多原則。宣言第一條的潛在威力(人生而自由，並應享平等之權利；惟因後天公共服務角色扮演的不同，才造就社會身分之區別)，繫於其被詮釋的不同方式。它曾因對國家機關(state)的負面態度而招致批評；而相較於它對工作權或敎育權的忽視，宣言無疑更關注於確保一個免於外力侵擾的個體自由。當然，對於那個時代期待過多其實並不公平，

即使如渾身充滿批判色彩的法官羅伯斯比，終其一生，也都相信人權宣言僅需小幅修正即可。在他看來，宣言的問題主要並不在如何進一步的修正改善，而在實踐。

左頁：「人權宣言」。

　　8 月 4 日的「自棄特權」行動，牽動到了當時法國大多數的行政結構層面。1789 年前既存的行政結構，對公務員而言簡直就是一場夢魘：全國大大小小共有三十五省、三十三處總督轄區、十三處高等法院、三十八處軍區、一百四十二處教區，以及數不清的地方收費站和內部關稅界域，尤其後者數量之多，竟使得數以千計的人們因此而有機會受雇於從事走私活動或其防制工作。而現在，古老的省份被重新劃分為「郡」(department, 該項劃分後來大多沿用至今)，郡下設「縣」(district)，縣下則再劃出「市、鎮、鄉」(commune, 大小不一，小至僅一小村莊的規模，大至巴黎本身亦為此基本行政單位之一)。每一郡均由一選舉產生的委員會負責治理，並設有一個刑事法庭；而縣則各設一處民事法庭。革命前，各級及各地法庭間的疊床架屋現象與充滿爭議的司法管轄權，造成富有的或固執的訴訟人可以幾乎無限上綱地不斷提出上訴，遂使懸而未決的訴訟案件，竟也成為大部分莊園資產與債務中的重要一環。如今，民事案件首須經由「調解仲裁處」(bureau de concilia-tion)進行調解，以試圖徹底打消爭執兩造訴諸司法解決的念頭。如若他們依舊堅持，最多也只能上訴一次，即從原初下判的縣級法庭移送至其他縣級法庭再審。刑事案件則

執行革命正義的
工具。

是經地方治安法官(justice of the peace)參酌後提交郡級
法庭審理，並且無法提出上訴。而位於巴黎的中央上訴法
庭，唯有在審判程序出現瑕疵的情況下，才可下令將案件
重審。所有的刑事案件都是經由陪審團來審理，而後者本
身就是法國司法史上的一個革命性創舉。此外，全體法官
如今亦須經由選舉產生。

　　在舊制度時代，法律本身的紊亂與複雜，絲毫不遜法
庭。短期而言，革命立法的大量湧現或許只會導致現有局
面的惡化，而法國律法的法典化亦猶待拿破崙來加以完成，
然而至少某些普遍存在的殘忍法條遭到了廢革。在犯人身
上打烙印的做法不再，而五馬分屍的酷刑則代之以斷頭台。

斷頭台迅速且相對較不痛苦的了斷方式，曾經一度獲得議
員吉洛汀醫生(Dr. J-L. Guillotin)的熱情讚揚，以致後來這
種斷頭台竟都以其名為名。這在當時，似被看成是一種恭
維。另有兩名議員，羅伯斯比和杜波(Adrien Duport)，則
費盡力氣努力希望將死刑全盤廢除。雖然他們最終沒有成
功，死刑的施行卻因而得以局限於少數的犯罪行為，而不
似英國這般浮濫。已經習於在舊法律體制下拿捏遊走的慣
性罪犯，對於新法庭制度及其無法教人預先捉摸得透的陪

第三階級換上了
貴族的外套。

審團設計，當然至表厭惡，可是法界人士對於前述改革，
卻出奇地幾乎毫無困難的就接受了下來——原因無他，這
番改革內容畢竟是由卓越傑出的律師們所擬就的。而整體
說來，人們在這些改變下所能享受到的好處，亦遠大於其
所失。

　　國民會議對於機會均等原則及人道主義的關注，可以
從它對待職業軍人的方式中看出來。陸軍中購買軍職的做
法已經遭到廢除(雖然海軍仍未打算跟進)，同時所有的軍
階都已對庶民開放。四分之一的海軍中尉從此將由基層的
行伍兵員中擢升，其餘則是透過競爭性的考試過程選拔。
向為鄉民們深惡痛絕的強徵式民兵制度(因為正是這些鄉
民，必須承受這個重擔)，也予以撤銷。正規陸軍乃由志願
入伍者所組成，而已經遍布全國的國民軍，則使民兵不復
有存在之價值。另一方面，海軍依然不願放棄對航海人口
以輪役方式強制徵兵的要求，但至少負責動員海員的官吏，
從此得以交由選舉產生。陸、海軍的新刑法都揚棄了一些
原先較殘暴的刑罰，而有關現役軍人的審判，也都開始交
給了軍事陪審團來負責。

　　由於國民會議將先前皇家政府所擔負的各項義務都分
毫不差地承接了下來，所以單是為了給已遭撤銷之鬻官制
度下的購官者發放補償金，國債即已大幅攀升。僅僅為了
這些補償金，國民會議就必須另外籌措總數約二千五百萬
至三千萬英鎊。革命分子也決心終結朝廷以往常常拖欠承

教士的喪禮。

包商工程款，以致他們往往必須候上兩、三年時間才能收
到款項的舊習，以避免成本價格的攀升及預算編制的複雜。
當然，盡快清除積欠款額的做法意味著另一筆重大支出：
在 1789 年，海軍的債款總額即已逾其一年的正常花費所
需。即使稅收因著各種財政特權的取消而頗有增長，但如
欲從國家歲入的範圍內動腦筋籌措出這樣一筆巨款，顯然
還是毫無辦法的。眼下急需的，是大量資金的流入，而這
一點唯有透過變賣充斥於全國各城鄉的大規模教會財產，
才可能辦得到。

　　議員們雖談不上是敵視宗教，但當他們思及天主教會
不過也只是王國內三大階級中的一員時，對它就不會寄予

一位革命派神父
向教士法宣誓。

多少同情。在這一點上，至少貴族與庶民的看法是一致的；
而教士本身，卻因著各種世俗與非世俗的原因而無法成功
組成團結的防衛力量。甚至於率先提出要求教會放棄其部
分財產者，正是他們的前修會會長塔里蘭。1790 年 2 月，
修士終身獻道的誓約遭到取消，而那些不願還俗、依然堅
持苦修生涯的人，則被重新組合集中，以便將他們那些原
就空曠的修道院空出來，交到房地產市場上變賣。在被剝
奪掉財產與什一稅的收入後，教士們如今也只得仰賴於國
家對他們的供給了。在國庫本身猶需緊束腰帶以支付大筆
國債的情況下，他們可能得到的供養，必然是遠不如以往
自給自付的時代。1790 年 7 月國民會議通過的「教士法」
(Civil Constitution of the Clergy)，一方面反映了國家經

濟上的需要，另一方面也顯現了議員們欲以他們處理世俗
事務時的同樣原則來重組教會的決心。一郡之內的主教轄
區被裁減至僅剩一個，基層敎區則依現有的人口分布狀況
重劃，而許多非屬敎區工作範圍內的職位則遭到裁撤。包
括主敎在內的全體敎士，如今都要開始面對群衆的選舉
──雖然選民們的抉擇最終仍須得到相應層級的敎會單位
認可。議員們視前述改革爲其總體計畫中的一部分，意圖
創造一個更能履行其精神任務的敎會。然而法國的敎士並
不僅只是舊制度下的一個社會階級，它同時也是國際敎會
體系下的一分子。國民會議的敎士領導人宣稱國民會議已
不當侵入精神事務的領域，堅持敎士法必須得到法國敎士

宗敎暴力：天主
敎農民攻擊蒙道
本(Montauban)
一地的國民軍。

會議或敎皇的同意。國民會議拒絕了敎士們召集自身會議的權利；而另一方面，已經私下譴責過革命的宗敎寬容精神及新聞出版自由的敎皇，亦拒不承認該法。結果是，絕大多數的主敎及約略半數的基層敎士拒絕宣誓遵行敎士法，而國民會議則下令將他們撤換。這種舉措實已導致國家的一分爲二，並大大增強了反革命一方的力量──雖然當時議員們對此並無充分體悟。

國民會議原爲替其所有重建工程加上一層「罩頂」而制定的憲法，事實上反而成了它的諸多業績中，唯一不能持久延續下去的一環。在短短的一年之內，它就已被橫掃一空、蕩然無存。憲法提供了一個孟德斯鳩式的權力分立架構：一方是由國王委派並對其負責的行政部門，另一方則是兩年選舉一次的單院式立法部門。而使激進分子如羅伯斯比感到憤慨的是，選舉權被局限在能夠繳足相等於三日工資稅金的男性身上。此雖仍談不上民主，但離該境界也不算遠了──至少從男性的觀點而言是如此。一個數達四或五百萬的選民人口，早已遠非歐洲其他地區所能比擬。而即使眞的全面實施普選，實際局面亦將不致有太大差別，因爲絕大多數的選民其實並不在乎投票與否──只有低於百分之五的選民，參與了 1790 年的巴黎市議會選舉。較前述選舉權之限制更爲嚴重的，其實是間接選舉中由於對選舉人資格做了過高的財務條件設定，以致權力自然集中到地方權貴手上的事實。

　　社會建制的運作雖有助於創造某些特定的社會行爲模
式，但反過來，前者作用的方式同樣會受到其身處社會類
型的影響。巴爾札克(H. de. Balzac)小說中的法國，正是於
這種互動關係下建構出來、並持續發展至十九世紀的社會
形態。一場所謂的社會革命，在大量財產經由某一階級被
移轉至另一階級的這個意義上，既非主觀意志下的產物，
亦非客觀環境下的必然結果。即使是在革命中的恐怖統治
時期，除非一位俗民因流亡去國或叛國而遭判決確定，否
則其財產仍不致遭到沒收的厄運。由於教會財產的變賣是
爲了籌措更多金錢，因此貧者在這個過程中實不可能有機
會參與；而爲了幫助這些手上並未握有太多資金的人們，
國民會議接受了分期的付款方式，但此舉卻可能促成價格
的上揚。結果是，一個約值一億五千萬英鎊的教會財產處
置過程，大體而言，強化的卻是既有的財富形態。許多當
初靠購官擔任公職者在被迫去職取回退款後，利用這些錢
買下了教會的土地。這無疑又加速了以官職做爲邁向地主
之路之踏腳石的古老趨勢。這一切的發生也許並非是無意
的，因爲很多議員本身，其實就是官職的擁有者。

　　當然，這並不就表示革命對各種經濟關係的影響微不
足道。許多小農拒付 1789 年 8 月 4 日後仍未被正式廢除的
采邑捐，該稅捐一直要到 1793 年後才全部消失。鄉間的情
況也受到了法庭體制變遷後的影響。在從前，這些法庭幾
乎總是都站在領主的一邊；而新法庭在由選舉產生的法官

掌舵下，一開始就表現得十分不一樣。他們之中許多人存
有的特定偏見，加上什一稅之取消及部分采邑收入來源喪
失所帶來的影響，已經衝擊到地主與領主在對土地擁有權
的無止境爭逐中的均勢情形，即便宜了前者，卻打擊了後
者。在這個地域差異相當明顯的國家裡，我們固無法對這
種種微妙而複雜的因素做簡單歸納以得出一般性結論，但
革命無疑加速了一個原本由階級間之分化宰制其社、經關
係的社會，轉型至由於貧富之間的新對立導致農村社區團
結破裂的過程。對很多人來說，生活確實已較從前好過得
多了，但對赤貧者而言卻仍非如此。

　　制憲會議為城鎮地區帶來的經濟影響是比較不顯著
的。國內貿易壁壘的拆除及行會的瓦解，原可望促進資本
主義的發展，但這個效果卻為通貨膨脹及來自英國的封鎖
(並進而於 1793 年交戰)所抵銷。許多有潛力消費者的去國
自我流放，以及未去國者不再願意炫示財富的保守消費方
式，導致了貿易的蕭條。城鎮中的勞動人口，尤其是在如
巴黎這類奢侈品工業中心裡工作的工人，也許才是大革命
中受害最深的社會群體。史家們往往比較未能深刻體認到
的是，1792 至 1794 年間的群眾騷動，其實是那些把大革命
視為其所成就的人們，對於生活品質下降的一種反彈。

　　制憲會議的目標其實不在造就一場社會革命，而是欲
創造一個更開放的社會，使有能者不再因以往的出身限制
而被摒棄於機會的門外。將這樣的一種社會稱為「資產者

的」社會，顯然並無助於我們對它的理解。這些人心中所企盼的，其實是當時英國既存的社會類型，也就是財富僅在一個人的社會地位形成中佔一小環的社會。而使法國的情況得到改變的事實是，有太多的法國貴族寧選擇出走，也不願「紆尊降貴」，跟他們眼中的社會低等者同台競爭。新生的法國，是一個由「名士」(notable) 主導更甚於由領主來主導的國家；但一位領主除非極惹人厭，否則只要其願意，仍能搖身再變爲重量級的風流人物。一個很有意思的問題是：究竟有多少位出身第一及第二階級的成員，一如阿拉斯的福梭 (Dubois de Fosseux) 和巴游的主教 (bishop of Bayeux)，於 1790 年時被選舉爲市長？又如，新制法庭下所能提供的法官職位雖已較舊制度來得少，但仍有約四分之一的舊法官在選舉中重新獲得當選。在落後的旺代 (Vendée) 地區，鄉紳們因其作爲鄉民保護者以抵禦那些帶來新奇觀念和購進教會財產的外來者之角色，而贏得了新的愛戴。各省中的貴族，儘管面對軍官職銜開始開放予庶民的競爭，但在鬻官制度取消及晉升前景改善的情況下，所得實又比所失來得大。而當國民會議對海軍進行過重組後，雖然庶民已不再受縛於僅能爬至中尉軍階的限制，但它所留下的貴族軍官比例，竟比 1789 年時還要來得高。

　　貴族階級眞正丟掉的，其實是社會對於他們有別於其他衆生的「優質稟賦」之正式認可。貴族頭銜於 1790 年正式遭到了取消。想要對拒不承認「人人生而平等」者的各

種主張放肆嘲訕並不困難──至少對那些相當確定自己毫無種族偏見的人來說是如此(譯按：由於大革命期間，革命會議對於法國各殖民地內的有色人種往往仍採取有別於法國人本身的待遇措施，故作者是欲藉此提醒讀者，這一點還是有悖於「人人生而平等」之原則)；但這裡更重要的是，我們必須承認，「貴族風範」乃貴族們真誠追求的一種境界，雖然它不免也導引出許多令人無法忍受的傲慢，然而這種精神卻也曾驅策出無數勇敢和無私的表現──一如其「貴」族稱謂的高貴表現。許多貴族不願接納一個其雖無所懼亦無大失、但卻有損其「榮譽」的社會，正是阻撓國民會議以和平手段達致目標的要素之一。

在 1789 年的夏季，只有一小撮由王弟阿圖瓦伯爵及孔代親王(prince de Condé)領導的宮廷貴族，離開了法國。在他們一向蔑視的各省貴族之嫉視與嫌惡下，這些人看起來更像是倉皇出逃的難民而不似未來解放軍隊的急先鋒。一旦抵達海外，阿圖瓦和 1791 年才加入他的兄弟普羅旺斯伯爵(comte de Provence)，即開始試著說服各個歐洲強權，欲使後者相信他們就是已形遭軟禁的路易十六之非正式攝政代表。在自稱已經得到路易十六的授意下，他們開始嘗試組織國外的干涉武力與國內之起事。在隨後的一、兩年間，他們於憤恨不滿的貴族持續增多(尤其是武裝部隊中的軍官)的挹注支持下，逐漸建立其信用。而到了 1791 年，已經有半數的軍官離職。如明理如費里耶等貴族，則

強烈批判這些流亡者。「貴族們已因其自身所犯下的錯誤而
迷失，徹底的迷失……他們終將失敗，一如既往。關於這
一點，你們盡可以相信我的話。國王與王后似乎都真誠接
納了憲法，這麼做符合他們的自身利益，因為流亡者似乎
已經打算將所有的權力，都置於阿圖瓦伯爵及孔代親王之
手。」在此之前一年，費里耶就曾堅持說，「各省的安寧與
否，端賴教士及貴族議員們的表現」，而他們之中許多人的
暴力與不妥協態度，則持續驅使著國民會議朝其原不欲見
的激進方向發展。議員們頗不情願地為造反抗命的士兵做
靠山，以對付他們那些可疑的長官，同時也不願要求國王
鎮壓鄉間叛亂。這一切反過來當然就會使向來注重秩序的
人深感嫌惡，也引來軍官們不滿政治人物破壞武裝部隊紀
律的怨言。

　　費里耶認為大多數流亡者僅在謀貴族私利而非積極保
皇的看法，無疑是正確的。這些流亡貴族仍是在為 1788 年
的那場「戰役」奮戰，而國王伉儷對此亦知之甚詳。瑪麗
王后於 1791 年夏季曾致函奧地利大使，表示皇室並無意以
較現況更糟的奴役處境為代價，來換取流亡貴族對他們的
拯救。皇室的這種態度原是可以做為與國民會議妥協的基
礎，因為當時的議員們幾乎一致傾向保留法國的君主政制。
但費里耶錯在不該以為國王伉儷已經準備接納憲法。他們
其實就如同貴族一樣，擁有某些梗阻其做出特定讓步的價
值觀。瑪麗王后認為這個憲法從頭到腳就似個巨怪。在她

看來，宮廷貴族中忘恩負義的敗類如拉法葉，正是大革命
的幕後黑手。她認為，在那些她嗤之以鼻、視之為惡棍無
賴的中產階級議員敎唆煽動下，忠貞的庶民百姓一度也曾
受到錯誤的誘導，但遲早——而且極可能無須太久，如果

對流亡者軍隊的
刻薄描繪。

各個歐洲強權都了解它們自己的利益所在的話──「革命
將席捲所有的城鎮，而屆時秩序的恢復，必將無所窒礙」。
在她於 1791 年 9 月寫給其兄長, 亦即哈布斯堡皇帝的另一
封陳情函中, 瑪麗王后又說:「和解眼看已是不可能了。武

力摧毀了一切，也唯有武力，才可使一切重新恢復正常。」
在既不願接受國民會議為其保留的特定位置，又對流亡貴
族處處猜疑的情況下，路易十六只圖敷衍拖延時日，以待
有朝一日國外干預力量的來臨。這使他陷入了一種全然口
是心非的情境當中。在他宣誓捍衛憲法的同時，他的妻子
則動筆給奧地利大使寫信，坦言：「予人願接受新觀念的開
明形象，是迅速將他們擊倒的最安全途徑。」議員們對於國
王的忠誠也並非全無懷疑，因此亦不敢交付予國王其所宣
稱的、欲使憲法有效運作就必當備有的權威。

　　以上種種因素，決定了革命會議的政治發展歷程。國
民會議就如同法國往後陸續出現的其他會議，始於左傾，
之後穩定地逐漸向右擺。1789 年 8 月表決通過的「廢除封
建」行動及人權宣言，都是成立於一個當時議員們仍然認
為自己遭到宮廷威脅的時刻。可是一旦國王被挾至巴黎且
已形遭軟禁之後，議員們面對的問題，變成是要說服國王
接受一項妥協，而國王在這項妥協中需要付出的代價，則
是不會再獲得推翻這整個安排的足夠權力。這項任務，結
果竟是出乎意料之外的艱難。由於大臣們向被懷疑是在為
皇室的利益效力，所以對任何個人或團體而言，和他們進
行公開談判顯然並不是件「安全」的事。立場激進的報刊
似乎總能從一項提議所可能蘊涵的任何深意中，嗅出「不
忠」的訊息來。然而隨之而來的保密需要，卻使得任何與
宮廷接觸的人物都被迫處於聽任國王擺布的不利地位，因

「雙面人」路易十六。

為這種祕密接觸一旦曝光，前者的政治聲譽即告傾頹。由於相信街頭煽動家如丹敦（Georges Danton）者流是可以輕易——雖然也是昂貴地——收買的（事實上在某些情況下確實如此），國王伉儷並非沒有理由期盼藉由賄賂與虛張聲勢的雙管齊下，將可使他們安然度過這場風暴；然而施展這項謀略的結果，卻也使他們在情勢一旦發生變化時，毫無後退迴旋之餘地。

　　兼有冒險家特質的精明政治人物米拉波,在 1789 年終
了前, 即已因為深信專制統治已再無機會走回頭路, 而中
止了對皇室的攻訐行動。由於革命在他看來似已朝向了無
政府的狀態發展, 所以強化君主的實質權力, 似乎也不是
件壞事, 只要國王能夠清楚區隔本身有別於貴族的目標、
利益, 接納大多數的革命立法, 以及讓米拉波自己成為國
王的首席顧問就可以了。1790 年 5 月, 米拉波開始和國王
談條件, 國王同意代其擺平數達一萬英鎊的債務, 每個月
又另付他三百英鎊的酬勞, 同時, 若其表現令國王感到滿
意, 於國民會議的會期終了時, 尚可再領到一筆高達五萬
英鎊的賞賜。以這樣高昂的代價, 宮廷方面自然認定他們
已經買下了米拉波所能夠提供的各項服務, 而不僅只是他
的忠告而已。然而米拉波本人卻是聰明得過了頭, 以致始
終沒有覺悟到, 自己其實是在為那些一旦幫他們取回失落
的權力後, 就會怠慢他的憲政意見的人們工作。輿論開始
對他表示懷疑, 而當米拉波於 1791 年 4 月逝世時, 他在會
議中的影響力已大不如前, 當然也就無福消受那筆可能到
手的五萬英鎊了。

　　米拉波的消逝, 使另一套十分不一樣的妥協方案成為
可能。這新一波的折衷芻議來自 1789 年時領導國民會議左
翼力量的人物, 即所謂的三巨頭(triumvirate):巴納夫、杜
波和拉默(Alexandre de Lameth)。以上諸人誠非待價而沽
之徒, 但他們於 1791 年春給宮廷提的建議, 卻讓本身招致

巴納夫的兩面性
不遜國王。

幾乎同樣致命的、為謀官而犧牲原則的指控。三巨頭企圖
緩和與皇室關係之舉，是否已構成對革命的一種實質「背
叛」，實取決於每個人對當時情勢的不同看法；但三巨頭很
快就發現，這種曖昧關係，使他們在一場非經其親手掀造
出來的危機當中，淪為受害者。

　　1791年6月20日夜裡，國王一家偷偷逃離巴黎，並朝
東部邊界的駐軍方向進發。皇室此行意不在離開法國，而
是只求置身於一個安全的軍事據點，以便從那裡邀集國外
的干預力量。如果一切順利，屆時他們即可成為歐洲強權

與國民會議之間的折衝者，以不經內戰或無須仰息於流亡貴族的方式，讓國王按照自己開出來的條件恢復固有權勢。然而，在經歷一連串戲劇性的意外事故後，國王的馬車在距目的地僅數哩之遙處被截了下來，灰頭土臉地被送回了巴黎。就長遠的發展來說，這宗逃亡事件最終完全摧毀了國王早已在點滴流失中的威望。他成了衆人鄙夷揶揄的對象，不堪至連漫畫家筆下也出現了他的「豬」形象。不過，出逃事件於短期內所造就的影響，卻又是十分不一樣的。

三巨頭馬上意識到如果不願就此將路易廢黜，他們就必須設法爲國王恢復聲譽。廢黜行動在顧慮到極可能招惹與他國的戰禍及把革命導向激進發展的情況下，已經被他們排除。三巨頭於是設法勸誘國民會議宣布國王其實是遭

「豬群正被送回豬欄」：皇室一家於逃亡途中在瓦倫被逮，此事摧毀了國王的威望。

到了「綁架」；而做爲護送皇室一行回返巴黎的三名特遣委員中的一員，巴納夫藉機與王后展開了談判。一個合理的假設是：一位已遭羞辱及信譽掃地的君主，最終必將了悟逆抗革命的徒勞。於是，三巨頭希望以在修憲上的零星讓步做爲折衷基礎，換來他們對一個眞正的立憲君主國之掌控。路易十六發布一項聲明，表示該趟旅程使他確信自己一向認爲革命缺乏民意支持的想法，是錯誤的。國民會議隨後即將國王的權力暫時予以擱置，以待憲法完成後，再讓他於接納憲法或遜位之間做抉擇。

　　對三巨頭來說，倒楣的是，他們不老實的如意算盤惹火了巴黎內部由各種草根俱樂部領導的激進興情，而科德利埃俱樂部(Cordelier Club)則無疑是這些俱樂部中最重要者。這一波反對浪潮的支持主力來自勞動階層的人民，也就是現在開始被稱爲「無套褲漢」(sans-culottes)的一群人(因他們著長褲而不穿及膝套褲〔culottes〕，故名)。在國王出逃之前不久，巴黎市內就已發生過一些勞工騷動，而人們對經濟現狀的不滿，即可能強化了一場表面上原只是單純追求建立共和國的政治運動。當時人們就已經留意到，這其實是無套褲漢對社會優勢階級發動的一場叛亂。國民會議及巴黎公社(Paris Commune, 譯按：所謂巴黎公社事實上即指巴黎市政當局)都決意不做任何讓步，似乎已是在尋覓適當託辭以藉機展示武力。7月17日，由於兩名探頭探腦的嫌疑分子遭到群衆殺害(雖然此事與正在準備中的

「練兵場屠殺事
件」。

共和請願活動並無直接關聯)，國民會議終於逮到了一個口
實宣布戒嚴。負責驅散請願者的國民軍向前者開火，因而
導致約二十人的喪亡。當時的相關報導，非常清楚地揭示
了這場衝突事件的社會本質。美國大使莫里斯認為這宗事
故顯然有助於秩序的恢復，雖然他同時覺得或許還需更強
有力的措施來好好對付這些「可惡的民眾」。至於在國王姊
妹的眼中，受害者皆「無套褲漢」，而國民軍則都是「熱心
於鏟除騷亂背後的惡棍」的「資產者」。

　　這起練兵場(Champ de Mars)的「屠殺」事件，頓使
整個情勢發生了一種英國大使口中的「美妙轉變」。戒嚴令
持續維持了數週之久，嫌疑犯則遭到逮捕。激進領袖如丹
敦及德穆蘭(Camille Desmoulins)要不是逃離首都，就是趕
緊藏匿了起來。雅各賓俱樂部則因內部意見分歧而瀕於瓦

解，幾乎所有的雅各賓議員都選擇離開，於斐揚修道院
(Feuillants)另立門戶，組織了新的俱樂部，只留下羅伯斯比
及其同僚佩蒂昂(Jêrôme Pétion)孤守殘局。自1789年來，
這是革命的原動力首度陡然遭到制約；而這場預示著未來
群眾運動發展的第一波徵兆，就已讓人們見識到國民軍畢
竟還是選擇了與維持秩序的力量靠攏。

　　對三巨頭或斐揚派分子(如前所述，因其聚會地點而得
名)來說，這原是件大大的好事。他們或許會因為那些平素　保皇分子希望看
嘲罵他們背叛革命者的狼狽失敗而深感欣慰，但事實上，　到的斐揚派分子
　　　　　　　　　　　　　　　　　　　　　　　　　　和雅各賓分子的
其本身的地位並非如此牢靠。國民會議的多數議員對於宮　結局。

Pas de Deux entre un Jacobin et un Feuillant

廷的疑慮實在太深，以至於根本無法接受對憲法進行任何
較大幅度的修正。而王后雖持續邀求他們的忠告，卻從未
有依循其建議的意圖。巴納夫後來終於搞清楚：瑪麗王后
原來不過是在耍弄自己罷了。到了該年年尾，斐揚派的政
策已不再受人信任，而他們耀眼光芒的逐漸殞落，則不啻
意味著欲保留某程度君主立憲架構的最後機會，也已經消
逝了。

斐揚派的沒落使激進勢力得到了復興的機會。這裡所
謂的激進分子，指的正是那些當斐揚派分子已準備對宮廷
做出讓步時，依然堅守所謂 1789 年原則的人。這些人物當
中最著名者莫如羅伯斯比。關於這個人，其同僚杜布瓦克
朗塞(E-L-A. Dubois-Crancé)曾如此寫道：「在歷經米拉波
逝世、愛國黨人變節以及拉默兄弟的背叛後，羅伯斯比展
現了他堅毅的個性。而儘管他的看法總是極端不受歡迎，
他還是贏得了包括來自其敵手的尊敬。」在 9 月 30 日制憲
會議的最後一個會期終了，他和佩蒂昂步離會場時，受到
了群眾熱烈喝采的致敬。1789 年時的愛國黨人現在已經嚴
重分裂：練兵場的血腥事件後，無套褲漢和一小撮激進議
員即與國民會議中的主流議員分道揚鑣。由於曾經領導左
翼的風雲人物們，現在也開始逐漸變得聲名狼藉，國王乃
得以自其出逃事件以來即陷於低迷絕望的處境中翻身，大
幅恢復既有的一些權力地位。

第5章

權威的崩潰
——
1791.10-1793.6

　　由制憲會議主導的法國重建工作，目的在使法國的各
項建制既符合人們對於效能政府的期望，又能配合初期資
本主義經濟的發展。它假定一個經選舉產生的公職人員，
將會依循大多數同在啓蒙知識氛圍中成長的人們所熟悉之
自由理論，行使其權威。這並不表示說，革命已將政治權
力移轉至早已牢牢控制著生產工具的資產階級手中。土地
依然是財富的主要來源，大部分的土地還是掌握在貴族手
裡，而革命對於改變人們對土地所有權的態度，亦貢獻極
少。1789 年前，並不存在任何的「統治階級」，因爲從任何
方面來看都稱不上是個經濟階級的貴族本身，其實並未眞
正掌握政治權力，而高等法院或省三級會議手中所能保留
下來的權威，卻大多是負面的。國民會議所從事的，其實
是在爲這樣的一種體制奠立基礎：即政治權力將交託予那
些已經擁有財富或社會地位的人們，不論這些人究竟是貴
族還是庶民。

　　然而這整個實驗，卻因爲皇家政府和許多貴族拒絕接
受國民會議所提供的妥協條件，而遭到了破滅。國際戰爭
一途，最終遂爲每一陣營中的多數成員接受爲破解僵局的
唯一法門，從而開創了一個頗有可能透過武力強行恢復貴
族或皇室權力的新情勢。緊接著發生的危機，導致 1789 年
時曾並肩作戰的革命分子發生分裂，並逼使他們每一個人
都站到錯誤的立場上。那些決心捍衛革命，捍衛其生涯事
業，以及(對那些表決支持將國王送上斷頭台的人來說)甚

左頁：強行襲取
杜伊勒利宮的代
價。

至於是捍衛其性命的人，發現他們愈來愈需仰賴群衆的支持。於是他們對於無套褲漢要求恢復傳統經濟管控方式的主張，就不得不至少做出暫時性的讓步，以爲消費者在面對通貨膨脹與物資匱乏時，提供部分保障。這同時也意味著，在恐怖統治的高潮時期，革命領袖雖明知道某些人是如此的不學無術以致無法正確使用權力，卻仍將部分的警察權（雖然並無一併夾帶多少政治權力）託付給他們。這種局面造就的結果可想而知，就是引來人們對於財產權岌岌可危，以及對於社會秩序面臨全面崩潰的高度恐懼。而那些堅持原則拒絕做出策略性讓步的人，則往往爲其對秩序的強調及抗衡無套褲漢壓力之努力所驅使，而使本身的政策看起來逐漸與那些公開宣稱自己爲反革命者趨同，如此一來，事實上即可能導致軍事上的失利。個人的野心與猜忌蒙蔽了領導人自己，使他們無法眞正看清眼前正在發生的一切。每一方都眞誠地相信他們的對手正在背叛 1789 年時所確立的原則，而互以異常猛烈的手段發動攻擊，以致國家機器本身終於不堪負荷而瀕於崩潰邊緣。

　　基於信念及缺乏有效權力的顧慮，革命政府往往傾向於採取勸誡的方式解決問題，而盡量不訴諸於強制力。1792 年 10 月時的會議主席佩蒂昂，曾經寫信給剛剛發生過愛國黨水手向其艦長發動叛變的布勒斯特（Brest）海軍當局，說：「我懇請藍代艦長（Captain Landais）盡可能溫煦地對待他的船員；同時我也懇請那些勇敢的海員們……牢牢記住

戰艦的威力實繫於他們對上級的服從及彼此間的相互信任。所以我必須正告他們，我親愛的公民同胞，除非他們在未來表現良好……否則我將不得不把他們的所作所為向國民公會(National Convention)稟報。」這當然不是英國人在戰時處置造反士兵的方式。就某一程度而言，訴諸於手足間博愛之情的做法是成功的，而全法國的人民都對事物的新秩序表現出一種欣喜快活的接納心情，甚至連官員們也都自發地將以往「大人」(Monseigneur)的尊銜更易為「公民部長」(Citizen Minister)。然而革命的同志情誼並不足以超越眼前令人沮喪的軍事危局和內部分裂，以及從中衍生出來的腐蝕性猜疑情緒。在歐洲反法聯軍及國內牽連廣泛的內戰戰火連番重擊下，革命政府艱苦地從一個緊接著一個的危機中走了過來。

　　1791 年 10 月是立法會議(Legislative Assembly)首度開議的日子。該屆新會議擁有一個立場溫和、期望與國王達成妥協的多數，以及一個頗不恰當地首先被稱為「布里索黨」(Brissotins)、隨後又被喚做「吉倫特黨」(Girondins)的激進側翼——該派議員並未認可布里索(J-P. Brissot)為其領袖，且只有少數成員出身於吉倫特(Gironde)這個沿海省分。立法會議的議員都是新面孔，因制憲會議早在羅伯斯比的動議下，宣布其本身的議員不得連選連任。吉倫特黨人包括那些早已在地方政壇活躍的人士，以及一小撮來自巴黎的代表，而後者大多是革命報刊的編輯。他們熱中

吉倫特郡的喉舌
維尼奧（Vergni-
aud）。

鑽營行政官職，自信滿滿地以爲可以憑藉會議逼迫國王接
納其政策及其服務。他們同時也說服了會議中的多數，表
決支持將那些拒不願宣誓遵行教士法的教士驅逐出境，並
要求宣判那些拒絕離開已經在日耳曼土地上成立之遠征部
隊的流亡者死刑。這些都是大革命期間最早通過的恐怖措
施，而換做是在制憲會議時期，恐怕都還過不了關。從吉
倫特黨的其中一位支持者伊斯納（Maximin Isnard）口中的
話語，我們當可窺見當時的整個政治氣候，是如何變得愈
趨嚴酷：「所有的小心翼翼其實就是軟弱的表現，擁有勇敢
的意志才是最棒的，而過人的堅毅就是成功的保證……我
們必須將已經腐爛的肢體割除，以挽救身體的其他部分。」
無論如何，前述的兩項提案後來都遭到國王的否決。

　　布里索緊接著把腦筋動到發動一場有限戰爭的構想

上，希望以此爲手段逼使國王接受其政治失敗的現實。他
認爲革命軍在日耳曼一地必將以解放者之姿受到歡迎，流
亡貴族亦會因之潰散，而後者在法國國內的支持者——包
括那些尙窩在杜伊勒利宮內以及仍潛伏於全國各地的人們
——才會不得不與革命的力量達成妥協。布里索於雅各賓
俱樂部及立法會議中發表的演說，在報界的熱烈支持造勢
下，曾經一度成功地激起民衆對於戰爭的熱情。到了 1792
年春天，主流輿論大多都已傾向於開戰。國王與王后在私
下裡，則對於聯軍勢將橫掃法軍並助其恢復昔日權力的遠
景，深具信心。一些野心家如陸軍大臣那朋伯爵(comte de

共和國的軍人朝
前線出發。

Narbonne)和握有一支軍隊指揮權的拉法葉，則是希望利用他們的現有地位，向國王及立法會議雙方強力推動有利於自身的仲裁方案。

正是這種對於戰爭問題的普遍共識，使部分雅各賓俱樂部成員開始感到憂慮。羅伯斯比很快就確信，一項連宮廷也如此急欲採取的政策，以及那位麾下的國民軍曾向練兵場內群衆無情開火的指揮官也急於附和的政策，顯然不會是個爲革命利益著想的決策。當 1792 年 3 月路易十六任命三位吉倫特黨人，即羅蘭(J.-M. Roland)、克拉維埃及勒布倫(P. Lebrun)爲其大臣時，局勢開始變得更爲複雜。翌月，法國正式向奧地利宣戰，而普魯士則站到了奧地利那邊。不難理解地，吉倫特黨人隨即呼籲全國大團結以及加強軍隊紀律——即使這裡頭的其中一支部隊，乃是由拉法葉所領導。他們於雅各賓俱樂部內的對手則反對說，如若打了勝仗，兵權勢將墜入其敵人之手；而一旦戰敗(事實上他們認爲這是更可能出現的結局)，革命已經達致的一切成果，即可能就此灰飛煙滅。這些人於是在缺乏正當根據下得出這樣一個結論：即布里索及其朋黨對此其實亦心知肚明，只是他們背叛了革命，冀圖與宮廷談判一樁私人買賣。布里索和吉倫特黨人的報紙遂也以同樣不負責任的說法回擊，指控羅伯斯比及其政治盟友爲宣揚失敗主義的皇家密探。這場邪惡衝突完全癱瘓了雅各賓俱樂部。沒有任何一方能夠輕易忘記對手所加諸於己的誣衊和猜忌，而雖然部

分當事人隨後即曾轉換陣營，但兩派人馬彼此間埋下的嫌 ┃ 1792 年 6 月 20
隙，終未能癒合。與此同時，軍事行動甫一揭幕即是一場 ┃ 日的示威行動。
災難。法軍初與敵軍交鋒即被迫撤退，潰兵殺害了他們的
上級軍官，整個部隊四散流竄。對皇室而言，其固為本身
之人身安全深感憂慮，但這種局勢的發展，想來亦必令他
們心下竊喜。

　　當羅蘭竟然膽敢冒昧批評國王的政策時，國王老神在
在地將該三名吉倫特派大臣全部予以解職。這是 6 月 12 日
發生的事。6 月 20 日，吉倫特黨人組織了一場群眾示威運
動並侵入杜伊勒利宮。不乏消極勇氣的路易拒絕被威嚇，
不願為此做出任何政治讓步，而這個事件帶來的立即結果，
反而是出現了一些支持國王的中庸看法。吉倫特黨大臣的

巴黎人民正在朝
杜伊勒利宮的方
向動員。

被黜也使雅各賓分子暫時恢復了團結，兩翼合流齊向拉法
葉開砲。拉法葉此時已暫離軍隊趕來巴黎，顯然打算爭取
會議多數的支持，以抗衡那些「無政府主義者」，又或是爲
了徵得會議同意，由其率領國民軍對付雅各賓分子。由於
拉法葉在瑪麗王后眼中是個比民主派人士還要危險的人
物，王后遂介入攪局破壞了該項計畫，而國王也拒絕了拉
法葉欲將他弄出巴黎城外的提議。

　　在 7 月的下半月，一場危機顯然已迫在眉睫。普魯士
軍隊正逼近法國邊界；而軍隊的總司令布侖斯維克公爵
(Duke of Brunswick)則在宮廷的建議下發出一份聲明，威
脅立法會議的議員說，如果國王一家沒有被立即「解放」，
他們未來統統都得面對軍事法庭的審判；而倘若人們真敢

動杜伊勒利宮一根寒毛，巴黎一地將淪爲軍事佔領區並遭
到「懲戒性的、保證叫你永遠難忘的報復行動」。宮廷方面
至此，仍在玩著一盤不是全贏、就是皆墨的危險賭局。與
此同時，來自各省的國民軍部隊，特別是布勒斯特及馬賽
地區的國民軍，開始紛紛向巴黎匯集（後者於行進途中高
唱的歌曲，即日後知名的〈馬賽曲〉）。表面上他們是正在
往赴前線的路上，實則他們都已下定決心，不待確定革命　　革命之歌。

情勢已無危殆，不願輕離首都巴黎。巴黎市內原爲選舉而劃分出來的四十八個「區」(Section)，已經逐漸各自演化爲政治俱樂部的形態，不僅每晚進行聚會，也創設了一個中央委員會以與各省國民軍(或稱聯盟軍〔fédérés〕)取得一致的協同行動。各區開始對立法會議放話，要求其暫將王位擱懸並罷黜拉法葉，否則就要發動群衆遊行至會議抗議。佩蒂昂做爲當時的巴黎市長，深深了解自己承受不起靠錯邊的打擊，只好盡量拖延時間。可是位於巴黎東端、激進的第二十五區聖安東尼(Saint-Antoine)，則已宣布如果國王遲至 8 月 9 日的午夜時分仍未遭到廢黜，他們就會不客氣地拿起武器硬幹。

革命時期的巴黎地圖。

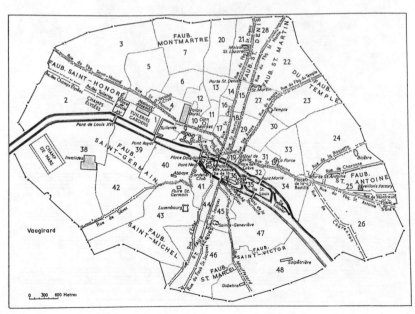

走在懸索上的佩
蒂昂。

　　也是約略就在這個時候，有一、兩位吉倫特黨人仍在
做最後嘗試，企圖與國王達成妥協。這些人的動機無疑都
是高尚的，但他們所選擇的時機，卻是特別地不合時宜。
路易於解放在望的認知下，並無意成為任他們擺弄的傀儡，
且亦安於他目前能拖就拖、盡量敷衍的現狀。而對吉倫特
黨人來說，他們則是在努力避免一場沒有必要的冒險叛亂
發生，並還因此威脅要控告羅伯斯比以煽動的罪名。在 8 月
9 日至 10 日的子夜時分，警鐘終於準時響了起來。各區當
局開始分頭動員其國民軍，聯盟軍亦已武裝就緒，而巴黎
的市政當局(亦即巴黎公社)則遭到了推翻重立。佩蒂昂安
排了一幕自己被捕的戲碼，徹底解決了他個人面對的兩難
困局。翌日的大清早，公民的民兵——在某些英國人眼中，

不過是些巴黎「暴徒」──開始向杜伊勒利宮進發。皇宮
在瑞士禁衛軍及數百名志願前往的勤王分子支援下強力固
守，而其衛戍也因地利佔到了有建物掩護的便宜。據巴巴
洛(C.-J.-M. Barbaroux，一位與其家鄉的聯盟軍關係密切的
馬賽人)的看法，如果路易當時親自下海領導這場防衛戰，
他將贏得勝利。然而路易非但沒有這麼做，還在戰鬥開始
前即已接受勸諫，攜其全家大小移走立法會議以尋求後者
的庇護。雖然如此，路易並未將他要求部隊防衛杜伊勒利
宮的前令收回。聯盟軍的第一波攻勢沒有成功，被擊退了
回來，但在巴黎國民軍的助翼下，他們終於贏得最後勝利

1792 年 8 月 10
日：群眾攻入議
會。

無套褲漢眼中的
自我形象。

　　並奪下了皇宮。這場戰鬥，使雙方都各折損了數百人。

　　8 月 10 日之戰乃革命過程中的關鍵性轉捩點，它爲數
年來革命的妥協與曖昧發展陡然劃下了休止符。那些足以
讓塔里蘭回味起舊制度時代的「溫雅生活」(douceur de
vivre)，於一夕之間消失，因爲公然造反的公社開始下令進
入民宅搜奪武器與逮捕嫌疑分子，而君主立憲派分子則是
紛紛走避藏匿。接下來的一個月，巴黎市內陷入了一種眞
實的恐怖統治當中，由無套褲漢們主持，矛頭對準那些僅
僅一個月前還瞧不起他們、對他們諸多藐視的人們。整個
的政治情勢，頓時變得混沌而危險。立法會議中原佔多數

的中庸勢力潰散，而吉倫特黨人則主導了會議殘局。如今他們囊括了幾乎所有的部長職位，僅在司法部長一職上出於拉攏的考量，把位子留給了組織起義行動有功的丹敦。丹敦的竄升，使他那群科德利埃俱樂部的忠實支持者們，都開始有機會分享到革命的勝利果實。他爲德穆蘭及德格朗丁（Philippe Fabre d'Eglantine）創設官職，還另留一職予羅伯斯比，但爲後者拒絕。立法會議下令盡快舉行一場成年男子都有投票權的普選，以便組織一個新的制憲機構——國民公會，並將國王暫予「停職」以待新會議開議後再行處置。與此同時，吉倫特黨人倉卒通過了一連串的激進立法。頑冥不馴的教士遭到放逐；流亡貴族的財產被盡可能地拆解成小份出售，以便使貧者也有能力採購；而苟活至今的采邑捐，也在無分毫補償的情況下遭到取消，除非原受益人能夠證明它們與土地的讓渡有關，才另當別論。

布里索及其反雅各賓的朋黨們，對於這場吉倫特黨人極力避免卻終歸無效的起義行動，自然感到怒不可遏。領導起義的公社宣稱，它當然要比信譽掃地的立法會議更能代表民意。起初，公社欲創設革命法庭以審判那些涉及 8 月10 日流血慘案者的要求，還曾一度遭到立法會議抵制；而當該法庭終獲設立卻因判決過於寬厚而令其感到失望時，公社即開始要脅立法會議。事實上，公社對於巴黎各區的掌控力量極微，亦缺乏足夠的意願及權威來向對手做出讓步。而當它的發言人羅伯斯比，威脅將要發動盛怒的巴黎

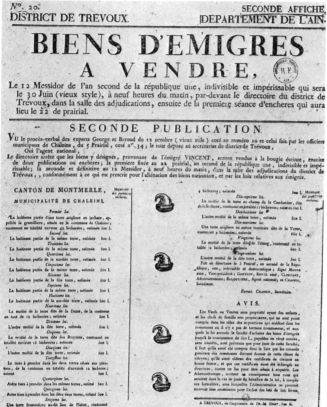

流亡者的財產遭
到沒收與變賣。

民眾對付議員時，公社與議會間的關係實已惡化到了公開
敵對的地步。議員們一度下令重新進行公社選舉，但軍事
情勢隨後轉危，只好復將該令予以撤銷。

　　普魯士軍隊於 8 月中穿越了法國邊界。原應能遏阻普
軍前進以待該年戰季結束的兩個設防城鎮隆維(Longwy)
和凡爾登(Verdun)，未料不出數日即高豎白旗，難免引來

人們對軍隊叛國的猜疑聯想。如此一來，徒留一支東拼西湊而成的正規法軍，在鬥志昂揚、訓練卻乏善可陳的國民軍支援下，橫護於普軍與巴黎之間。9月2日巴黎當局為鼓動民眾從軍，貼出了語氣誇張的海報：「拿起武器，公民們！敵人已來到我們家大門口了。」這些話深深撼動了一些民眾的心靈。公民們紛紛被召集至所屬各區，並在當局的鼓舞下從軍開赴前線。處在這種熾熱的氛圍中，部分人士於馬拉(J-P. Marat)主持的報紙煽動下，或是在公社監視委員會(comité de surveillance)的推波助瀾下(馬拉亦為該委員會頗不尋常地額外予以接納之一員)，開始了一場監獄大屠殺，大肆殺害獄中的教士、政治嫌疑犯以及一般的罪犯囚徒。部分涉事者極可能是真的相信這樣的流言：即王黨分子正陰謀計畫控制監獄，以便將獄中囚徒編入反革命軍中，奪下巴黎，以待普軍蒞臨。立法會議和巴黎公社雖都比較了解實際情況，卻不曾認真努力終止這場殺戮，一直到屠殺已近尾聲才加以制止，但卻已使數達一千至一千五百名的男女成了刀下亡魂。一名國民公會的當選議員勒瓦舍(R. Levasseur)，曾在其回憶錄中試圖解釋說，有關方面當時若出面加以遏阻，事實上即不啻意味著再次召喚國民軍出馬，並重蹈一年前練兵場慘案的覆轍。他深信如此一來，勢將撲熄群眾當時正熱上心頭的衝勁激情，而這股民氣在他眼中，正是抵禦普軍的唯一希望所繫。

　　事件發生時，雖然羅蘭正擔任內政部長的職務，吉倫

呼籲志願從軍。

九月屠殺事件。

特黨人卻寧選擇無爲而治。然而很快地，他們即開始利用
人們對屠殺事件的情緒反彈，攻訐巴黎市民及其公社。他
們對於首都市內群衆暴力的敵視，說穿了不過是基於當時
環境下的策略考量——吉倫特黨人於不久前的 6 月 20 日
組織的示威暴動，即可充分說明當這些人嘗試利用巴黎市
民的暴力以遂己之圖時，心中亦不曾飄過絲毫道德上的躊
躇。他們之中，部分黨人確實擁有絕佳的私人理由迫使自
己改變想法，因爲當牢獄中的囚徒正被亂刀劈砍而死時，
羅伯斯比和俾約瓦倫(J-N. Billaud-Varenne)就已經在開始
算計如何逮捕布里索，而就連拘捕內政部長自己的令狀，
也都已經出爐了。

　　緊接而來的國民公會議員選舉，使得這些政治恩怨持
續發展。雅各賓分子技巧地經營著巴黎地區的選舉，在它
獲得當選的二十四名議員中，有十六人同時也是公社的成
員：其中足有十一人之多是來自同一區，即科德利埃分子
根據地與丹敦地盤的法蘭西劇院區(Théâtre Français)。這
些出身巴黎的議員後來成爲所謂「山岳黨」(Montagnards)
的核心成員，而「山岳」之名，則源於該派黨人總是高坐
於會議辯論的地點──騎術學院大廳──內最高的座位
上。各省國民公會議員的選舉結果，則把糅雜著具全國知
名度者與受地方民衆擁戴者的這樣一群人物送了回來。所
有的吉倫特黨領袖，也都勝選重回會議。然而，絕大多數
的外省議員如勒瓦舍等人，其實根本就不了解共和分子已
經分裂成兩個敵對的陣營。他們之中部分議員後來即各自
向山岳黨或吉倫特黨靠攏，但更多則是維持了與兩派人馬
間的疏離。

監獄大屠殺期
間，對一名嫌疑
犯的訊問。

　　在國民公會會期開展後的數星期間，吉倫特黨人成功地爲自己營造出執政黨的氣象。他們掌握了各個行政部會——甫當選議員的丹敦，也辭卸部長職務專注於議會——以及除了一般安全委員會(General Security Committee，或謂警政委員會)外的所有重要委員會。事實上，丹敦本人當時亟盼與他們合作。然而吉倫特黨人卻乘機緊咬對手窮追猛打，毫不懈怠：他們攻擊馬拉是九月大屠殺參與者(septembriseurs)的龍頭，羅伯斯比是自我陶醉的獨裁者，而丹敦則是一個利用官職中飽私囊的傢伙。雖然吉倫特黨人欲將前述三人逐出公會的企圖最終沒有成功，但這無異意味著國民公會甫一揭幕，即已因其本身的內部分化而陷於蹣跚跛行。

反法聯軍的狼狽窘況。

RENTRÉE JOYEUSE ET TRIOMPHANTE DES DON-QUICHOTTES PRUSSIENS EN ALLEMAGNE, APRÈS LA CONQUÊTE DE LA FRANCE, SOUS LA CONDUITE DE L'AIGLE AUTRICHIEN

共和軍於熱馬普
一地的勝利。

　　也就在公會紛擾不斷的當兒，外在的軍事情勢已發生
了重大轉變。普軍於 9 月 20 日在法爾梅(Valmy)陷入膠
著、無法持續推進後，遭到疫病蹂躪，只好退回邊界。緊
接著，法軍於一個月內即進抵梅因茲(Mainz)和法蘭克福
(Frankfurt)。11 月時他們於熱馬普(Jemappes)一地擊敗奧
地利軍隊，並佔領了比利時的大部分地區。在遙遠的南端，
法軍又橫踏過薩伏衣(Savoy)並拿下尼斯(Nice)，而這兩個

地區不久即在當地大多數住民的支持下併入了法國。由此看來，當布里索聲稱革命軍必將所向披靡時，他似乎是正確的。這種種的輝煌軍事成就，遂使國民公會得以盡情放手施爲。整體而言，吉倫特與山岳黨人在經歷夏季的一連串非常措施後，其實皆已傾向於回歸正常的政府運作。革命法庭被下令解散，而有關穀物貿易的一切限制亦已遭到取消。羅蘭和桑茹斯——一位年輕的山岳黨議員——都在大力頌揚經濟自由主義的優點。羅伯斯比對此則相對守舊，依然傾向主張控制穀物貿易以保障消費者。除此之外，吉倫特與山岳黨人也都普遍陷於一種過度樂觀自信的情緒中，而他們將革命立法引介至比利時佔領區(意味著遲早要將該地兼併)以及願爲任何追求自由的地區人民提供支援之決定，亦未遭遇到重大反對。1793 年初，法國甚至向當時的三大海上霸權：英國、西班牙及荷蘭，都宣了戰。

除開議員之間的私人恩怨外，一個真正造成他們分裂的議題，其實是國王待決的命運。桑茹斯在羅伯斯比的撐腰下，辯稱此事毋寧是宗政治事務而非關司法。一場公平審判不無出現國王獲判無罪的可能，而若真如此，8 月 10 日的起義行動豈不就淪爲一樁不正當的叛逆行爲？話雖如此，國民公會最終仍選擇舉行一場審判而不願逕自野蠻地下令將國王處死。吉倫特黨人雖都一致同意國王有罪(甚至在其受審前即如此認爲)，然而內部卻因刑罰輕重及應否將其命運交付全民公投的爭議而意見分歧。他們之中部分成

國王與其家人訣
別。

皇室成員被囚禁
的教堂。

員的態度甚至已經予人這樣的一種印象：即其主要關切是
在挽救國王老命，並終將助其恢復既有權位。那場最終來
臨的審判，說穿了本身並不具什麼教化意義。議員們隨後
進行公開表決，逐使部分成員的膽怯與受賄行徑暴露無遺。
1月17日，國民公會終以多數通過了判處國王死刑。四日
後，國王即在目前被稱爲協和廣場(Place de la Concorde)
的地點，遭到處決。

　　對羅伯斯比來說，國王最終無以回避的判決，恰說明
了吉倫特黨人在國民公會裡佔多數優勢的淪喪。羅伯斯比
開始期待，倘能讓吉倫特黨人進一步衰頹成公會中的少數

處決路易十六。

成了寡婦的瑪麗
王后。

反對者，屆時爲法國建立堅定而溫和領導之前景，將再無
窒礙。不過，到了 1793 年 2 月，全體議員再度被清清楚楚
地提醒：無套褲漢大衆仍有他們自己的一套看法。如火如
荼進行著的戰爭對於動員的高度要求，已使一個十八世紀
的經濟體制顯得左支右絀。該年 1 月，國民公會決議徵召
三十萬的新兵員，同時更提出一套野心勃勃的海軍擴建計
畫，要一口氣再造二十五艘戰艦和二十艘掛帆快艦。在接
下來的十八個月中，海、陸兩軍都在持續不斷地膨脹加強，
一直到法國的地面部隊人數已經超越其他所有對手，以及
共和國在西面海域通道上的戰艦數目也已領先英國後，方
才罷休。如此大規模的軍備所需經費，在國家稅收正常的
情況下猶尚不能獨立支應，何況當時許多地區的稅負徵收

都還在面臨麻煩。自 1790 年以來，在教會財產的信用背書
下，政府已在開始發行紙幣（指券〔assignats〕），而爲了撐持
戰務所需，它只好繼續不斷地印製鈔票下去。這意味著鑄
幣將漸爲人們囤藏不用，而物價則會開始攀升。巴黎地區
因實施對麵包價格從優補貼的措施，尚能自免於通貨膨脹
這個最惡劣後遺症之影響；但其供應畢竟並不穩定，而且
即使是中下階層的普羅大眾，亦非僅賴麵包維生。奢侈品
貿易不景氣帶來的失業問題，更使無套褲漢的生活處境雪
上加霜。一名內政部長的觀察員於 1793 年春給部長寫報告
時說：「這個階級的人們自革命以來，已經吃足了不少苦頭。
他們是攻陷巴士底獄、完成 8 月 10 日起義及其他重要事件
的一群人；同時也是佔滿各類會議的旁聽席、提出各項動

英國人眼中的無
套褲漢軍隊。

議、組織群眾，或無所作爲的一群人。由於革命帶來的經
濟困窘，那些還擁有一些手錶、耳環、指環、珠寶等貴重
物品的婦人，都已被迫將之典當變賣。」正是這一群體的民
眾，尤其是婦人，開始對新一輩領袖──如被時人稱爲「忿
激派」（Enragés，譯按：或譯「瘋人派」）的敎士雅克‧羅
（Jacques Roux）──訴諸「直接行動」的呼籲，做出了回應。

　　雅克‧羅及忿激派領袖的大多數追隨者比較關心的，其
實並不是政治上的細微末節，而是生活水準的改善。他們
對吉倫特與山岳黨人都表現出同樣的厭惡，而據聞一位前
往公會的請願者，就曾對那些每晚都大啖美食的議員如桑
茹斯者，提出毫不客氣的批評。2 月 25 及 26 日，群眾突襲
巴黎市內各食品雜貨店，硬是將店中貨品以他們認爲較合

理的低價售出。部分區當局對此行動不無同情，但是公社
——其領導人物正渴望於全國政治舞台上扮演重要角色
——雖不至視忿激派分子為危險的競爭對手，卻也將他們
列為討厭的眼中釘。而吉倫特黨人更是把此事當做「巴黎
已淪為無政府狀態淵藪」的佐證。至於向以無套褲漢理所
當然發言人身分自居的山岳黨人，對於任何挖其牆角者，
自亦無法釋懷。羅伯斯比甚至把事情看得更為嚴重複雜：
他早已警告過雅各賓分子，謂吉倫特黨人將企圖挑撥動亂
以取得鎮壓的口實，而眼下的糧食暴動即不無此嫌疑。事
實上，某些「群眾運動」看起來確實相當古怪。譬如發生
於 3 月 10 日一場同遭公社及雅各賓分子譴責的流產叛變，
就可能是存心在敗壞革命的聲譽。它的其中一名領袖德斯

共和軍砲轟里昂
城。

弗爾(F. Desfieux)，前此即曾有收受國王金錢的紀錄，而從
他後來的生涯歷程看來，他要不是個無可救藥的好事之徒，
就是一名爲反革命敲邊鼓的嘍囉。由於革命爲無套褲漢大
衆做出的貢獻實在太少，後者的抗議行動遂即可能以幾乎
任何的政治形式出現。在 1793 年的春、夏二季，一些主要
的省區首府——里昂(Lyons)、波爾多、馬賽、岡城及土倫
(Toulon)——都曾相繼爆發過城鎭革命，其中部分城鎭於
革命之後，政權還落入了王黨分子之手。因此，我們若把
山岳黨人對忿激派分子的疑慮視爲不過是階級頡頏下的產
物，則未免過於簡化了這整件事情。

　　共和國軍事命運的再一次陡變，導致了政治局勢的進
一步複雜化。徵兵令的強制執行，引燃了法國西部的一場
大內戰。其結果是，相當大的一塊地域逸離了共和分子的

土倫的一家革命
俱樂部。

掌控，所幸叛軍始終未能拿下任何一個可讓英國援軍登陸
的港口。北方前線的總指揮官杜穆里埃(C-F. Dumouriez)，
於 3 月 18 日在尼爾溫登(Neerwinden)吃了敗仗，撤離比
利時。隨後他即與奧軍談判停火，並企圖說服其軍隊朝向
巴黎進發，但並沒有成功。此外，法軍也被逐出了萊茵地
區(Rhineland)，僅餘一旅孤軍困守被圍的梅因茲。由於當
時離該年戰季的結束尚遠，事態的發展看來似較前一年的
夏季更要令人感到絕望。

　　國民公會為了應付諸如此類的不同威脅而表決通過的
各項措施，無異為隨後出現的革命政府奠下了基礎。他們
創設一個「公共安全委員會」(Committee of Public Safety)
以督導各部部長，而革命法庭則負責為叛國嫌疑犯進行簡
扼審判。監視委員會(Comité de surveillance)在每一個市、
鄉、鎮，以及在較大城鎮中的各區相繼成立。它設置的原
意本僅是為了監控外國人的行動，但卻很快就開始演變為
各種壓制行動的幫兇。保障生活必需品的需要超越了國民
公會對於原則的堅持，以致後者又表決恢復了對穀物價格
的控制。不過話說回來，這些新建制為現狀帶來的立即轉
變極微。革命法庭依然為其負責審訊的那一小撮嫌犯提供
了公平的聽證程序，而這些受審者後來也都大多獲得了無
罪釋放。至於公共安全委員會，起初也只握有一丁點的權
威。

　　部分史家曾經嘗試將吉倫特與山岳黨人之間的對峙，

描繪爲不同階級間的衝突。直到 1793 年春，前者確實仍在
譴責巴黎的無套褲漢爲無政府主義者，並呼籲富人加入他
們捍衛財產的行列。而另一方面，山岳黨人則宣稱自己爲
無套褲漢無庸置疑的領導者，雖然他們未必得到等量的情
感回應。然而這兩種針鋒相對的態度，基本上不過都是爲
順應政治情勢需求而來的權宜產物。吉倫特黨人爲謀己利
也曾大力宣揚過暴力；而山岳黨人面對勞動階級的經濟要
求，依然只願做出暫時性的讓步。然而儘管兩者間的敵對
關係主要乃源於一年前雙方對於開戰與否看法衝突所結下
的樑子，但這種積怨已足使雙方的合作變得渺不可及。衝
突造就的僵局不僅使得國民公會爲之癱瘓，連帶也使如火
如荼進行著的戰事受到了妨礙。自國王受審以來，山岳黨
人似已贏得了會議的控制權，但其勢力卻也因爲許多支持
者紛紛成爲國民公會派駐各省的政委（political commissar）
而遭到削弱，同時，吉倫特黨人也已逐漸恢復了自信。在
共和國已經深陷嚴重軍事危局的此刻，這種局面顯然是不
可能維持長久的。

　　丹敦此時仍在盡最後努力想要達成與吉倫特黨人的和
解，惟當後者卻反指控其爲杜穆里埃的爪牙時，爲求自保，
終致驅使丹敦起意將他們摧毀。羅伯斯比深信唯有強有力
的山岳黨政府才能拯救革命，而這顯然是吉倫特黨人完全
無法接受的。眼下的問題只是：該怎麼做？他或許以爲對
吉倫特黨人發動一場起義乃順天應人之事，但一場未能成

功的起事，卻足以毀掉他的全部希望。而若將這個行動交付無套褲漢之手來加以執行，局面的演變即可能導致許多議員被殺、國民公會垮台及革命分子間的內戰爆發。一如其他危機時刻裡的慣有表現，羅伯斯比主張保持靜觀其變的態度，以致雅各賓俱樂部旁聽席上對此不滿的無套褲漢，都開始將一切溫和的訴求，統統怪到了羅伯斯比的頭上。

　　5 月時, 巴黎各區開始受命提供新的兵員，以應付西部那場不受歡迎的內戰。其結果導致各區紛紛開會研商，企圖確保本身對於徵募新兵機制的掌控。由於溫和派的力量不尋常地崛起壯大, 政治均勢在巴黎的許多區中來回擺盪。而正是這種情勢的發展，使得某些省區城鎮中的政治控制權發生逆轉。與此同時，一個來路不明的極端團體——包括爲數相當驚人的外國人——正在籌劃一場起事(這群人隨後亦曾被山岳黨人指控爲懷抱反革命的意圖)。吉倫特黨人宣稱國民公會已危在旦夕，而議員們逐設立了一個「十二人委員會」(Commission of Twelve)以對付巴黎內部的陰謀叛亂。委員會成立後，即將公社副檢察官及無套褲漢的熱門報紙《杜謝納爸爸》(Père Duchesne)的編輯埃貝爾(J. R. Hébert)逮捕。雖然來自群眾的壓力最終使埃貝爾獲得釋放，但向來步步爲營的雅各賓分子或許已經警覺到，遷延觀望已再非安全之策。他們似乎嘗試鼓動巴黎郡當局於 5 月 31 日組織一場「道德起義」(insurrection morale)。

　　我們如今若能確切了解 5 月 31 日至 6 月 2 日期間所

發生的一切，革命接下來的大部分歷史篇章，必將變得清晰許多。發動 5 月 31 日起事的極端團體，看來似乎打算趕在郡當局及雅各賓分子的行動之前先發制人。暴徒們依 8 月 10 日的先例解散公社，但隨後即讓其恢復原狀以做爲新的群眾意志代表機構。公社原領導人紛紛爲道德起義集團所吸收，但公社本身不論重組前後，卻都一致顯示出寧爲局勢發展踩煞車而非加速推進的渴望。各區雖已陸續將其國民軍動員開來，卻都茫然不知該對他們做何調遣。聖安東尼區的國民軍還差一點就擦槍走火，與向來保守的磨坊崗區(Butte des Moulins)卯上。沒有人知道到底眞正發生了什麼事，而一名吉倫特黨議員則說服議會表決通過向各區致謝。在各方的努力克制下，5 月 31 日當天的行動終於有驚無險地只導致十二人委員會的裁撤。

當 6 月 1 日一整天也是在只有大規模示威行動、卻無進一步發展的相對平靜下度過後，跡象顯示山岳黨內部已有不滿情緒醞釀，而整個事件看來似已漸趨落幕。公社緊接著控制了局勢。6 月 2 日請願者再次要求國民公會下令逮捕吉倫特黨領導人及十二人委員會的成員。此時因有一、兩名吉倫特黨人(包括伊斯納)主動表示願自我停職，才得以逃過後來恐怖統治時期的浩劫，並伺機於 1795 年時向山岳黨人復仇。然而大多數的吉倫特黨議員卻拒絕了任何諸如此類的屈降作爲，而國民公會則在發現它已陷入國民軍的包圍後苦思應付之道。當時聚集於國民軍之外者尚有大

左頁：1793 年 6 月 2 日：國民公會直接面對了來自巴黎國民軍的壓力。

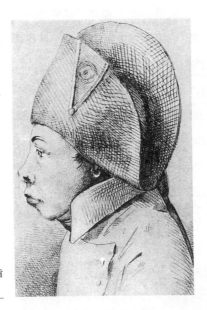

巴黎國民軍的指
揮官，昂希厄。

批民眾，但其意圖則教人捉摸不定。議員們最終決定以莊
嚴的行列走出突圍，卻爲國民軍的新任指揮官昂希厄(F.
Hanriot)所阻，只得悻悻折返。他們於回到座位後，終不得
不同意表決通過暫將吉倫特黨領導人、十二人委員會的全
體委員，以及部長克拉維埃、勒布倫兩人予以逮捕。沒有
人在這場變故中丟了性命，同時國民公會做爲一個「自由
機構」的假象也勉強獲得維繫，然而大多數議員終將無法
輕易忘記這令其膽顫心驚的一幕。

　　無論如何，當時至少還有一人清楚知道他要什麼。羅
伯斯比在這段三日危機期間的某一刻，曾經記錄下了他個
人的一些想法：「我們需要的是一股統一的意志，而且就只

要一股。這股意志若非共和的意志，就是王黨的意志。爲使其成爲共和的意志，我們就需要有共和派的部長、共和派的報紙、共和派的議員，以及一個共和派的政府。只要現今政體一日不從各種革命的病態及意志的分崩離析中超脫出來，對外戰爭就會是個致命的死疾。國家內部的威脅其實來自資產者。爲求擊垮這些資產者，我們就必須贏得人民的支持。」而接下來十二個月的歷史無他，恰正是聚焦於這股團結的共和意志之建立。

第 6 章

意志的凯歌

——

1793.6-1794.6

　　勝利的山岳黨人於今主要考量的，是如何捍衛已經贏得的一切更甚於從事激烈的創新改革。他們確實完成了一個確立男性公民普選制以及要求立法必須再經公民複決予以確認的新憲法，並爲廢除采邑捐的漫長過程補上了最後的臨門一腳。國民公會隨後亦曾投身於教育問題的解決，並嘗試爲老病之民提供某些生活境遇的改善，然而議員們卻也大多視法國的重塑爲一項業已完成的志業。他們相信，當反革命動亂與來自國外的侵略都已被敉平擊退後，恢復憲政體制、依法而治及經濟自由主義的前景，便會豁然開朗。

　　然而現實的發展，卻遠要來得複雜許多。在環境因素與盧梭遺緒的雙重影響下，部分山岳黨人對於所謂的民族國家 (nation-state) 開始達致一個嶄新概念，即國家有權對其公民要求所有私人利益的犧牲奉獻。這種新穎觀點一度激發出無數無私的自我犧牲情懷，而有助於革命中的法國獲致超凡力量，並使一幕幕的動人情景從此深烙於時人及後世的腦海中，久久不散。此外，這類想法也成了當時所有控制手段及對異議分子無情鎮壓的立論基礎。公共安全委員會逐漸開創出一種奠基於徵兵制、勞動力支配、徵用食糧及稀有物資、對航務及外貿實行監控、管制薪資與價格，以及對宣傳做有系統利用的戰爭機器，而這種高度集中全國力量的動員方式，一直要等到二十世紀才有機會重現。某些盧梭門徒冀圖創造一種新類型的「共和人」(repub-

左頁：羅伯斯比。

德格朗丁。

lican man)，經由國家教育及共和國的各類社會建制來形
塑其必備之「德行」(vertu)。這些人腦海中關於法國社會
轉型之藍圖，無疑是較偏重於道德而非經濟的，而他們關
於道德再造的想法，往往只能極勉強地與憲政政府及經濟
自由主義這兩項原與前者相衝突的原則共存。

　　無論如何，眞正發生的一切，到頭來還是取決於政治
人物們的實際作爲。他們之中，不少人不過視革命爲其事
業生涯之過程。這對於那些利用科德利埃俱樂部做爲其進
身階的人來說，尤其如此。丹敦及德格朗丁如今已是富人，
對於建立一個新斯巴達的議論興致乏乏，亦無耐性再爲革

丹敦。

命上緊發條。其他如埃貝爾及陸軍的參謀長文森(F-N.
Vincent)，相對而言則較沒有如此風光。兩人皆未被選上國
民公會，卻都希望藉由極端政策的提倡，在無套褲漢的支
持下力爭上游、攀上高位。有心人實有著太多的機會從革
命中揩油牟利，譬如給銀行家及返國後正在想辦法弄張偽
居留證明的流亡者寄發黑函。公社的密探們本身即涉及這
些偽造工作，而丹敦的一些朋友則參與了腐化的金融投機
活動。1793 年 2 月時，美國大使莫里斯就曾給華盛頓寫報
告說，貪污腐化十分猖獗，以致在這種情境下敵人若猶不
知藉機利用叛徒，簡直就該以缺乏常識視之。莫里斯並非
唯一有此想法的人。直到目前爲止，我們仍然無法深切洞
徹上述疑慮背後的眞實情況究有多麼嚴重，但至少可以肯
定的是，這些懷疑並非全然無稽。一般安全委員會之所以
於 1793 年秋遭到整肅，就是因爲被懷疑已貪污腐化。至於
公共安全委員會雖似仍保持著雙手的潔淨，但卻因發展出
一種集體政府的心態，而使其本身亦無法在國民公會中受
到歡迎。它的成員被指責爲向舊時代的皇家大臣效顰擺官
架子，而他們也愈來愈傾向於視外界對政府的批評爲一種
不愛國的行爲。

　　本時期最教人印象深刻的一個觀察面向，是不少原本
相對單純的人物，驀然發現自己掌握了地方權力。無套褲
漢中的好戰分子雖較可能是些受過些許淺薄教育的手工藝
匠師而非受薪勞動者，但他們既乏紳士的態度觀點，亦不

具紳士的舉止風範。他們兼具古老千禧年夢想及始終縈繞
不去的官僚政治作風與造作語彙的奇妙混合，至今猶被記
取爲一項鼓舞或是警惕。「無套褲漢的權力」對其受害者而
言雖然同樣充滿壓迫，本身卻是個不確定與瞬息即逝的事
物。在鄉間，這項權力必須仰仗於較高階層者的支持。埃
維樂(Evreux)地區的吉倫特黨人就曾請無套褲漢「在一個
你們甚至無水可喝的自由狀態，或是可以提供你們生計的
吾人間做抉擇」。唯有仰賴於中央政府的強制力量，佃農們
凌駕其地主頭上的局面，方得以繼續維持。即使是在國民
公會也不得不任街頭示威者擺布的巴黎，一旦公共安全委
員會鞏固其權勢，行事亦往往再無所羈絆。

　　吉倫特黨人垮台後的整整一年裡，公共安全委員會崛
起而爲一戰時內閣。它向每逢一個月即重新選舉其成員的
國民公會負責，但其權力並非無限。它從未曾掌管過財政
事務，並需與一般安全委員會共享警察權。但除前述特例
外，它幾乎行使了所有的獨裁權力。一如其他大多數的戰
時內閣，公安委員會也是一個聯合政府的組織方式，其成
員從保守分子如軍事工程師卡諾(此人甚至曾爲吉倫特黨
人的被逐提出過抗議)和出身黃金海岸省的普里耶(C-A.
Prieur de la Côte d'Or)，到意識形態上的激進者如桑茹斯
和俾約瓦倫都有。委員會並無所謂總理，而其爲羅伯斯比
主導的說法亦不過是個迷思，說穿了乃羅伯斯比身死後，
以前的共事者爲求規避外界對於那些不受歡迎政策之責

難，而創造出來的。無論如何，羅伯斯比在該委員會裡的
地位，確實乃公認地格外不凡。他並沒有負責任何特定部
會，故對同僚們的觀念影響主要源於其個人威望，並因之
強化了這些人在國民公會及雅各賓分子中的分量。當時他
儼然已是委員會的意識形態發言人（一個俾約瓦倫也在垂
涎中的角色），負責定義革命政府的目標方向。其同僚對於
挑戰他雖無禁忌，但委員會的內部關係直到 1793 年終了
前，似乎還相當真誠和諧。羅伯斯比一如其大多數同僚（除
桑茹斯與俾約瓦倫外），其實都希望在軍事情勢允許的情況
下，盡快恢復憲政政府的正常運作。故他們全體的第一目
標，就是贏得戰爭的勝利。

　　在 6 月 2 日至丹敦還在領導公安委員會的那段日子
裡，即使大部分吉倫特黨領袖都已成功逃過家戶搜捕並企
圖說服各省向巴黎進軍，但委員會仍一度奉行和解的政策。
對於進軍的煽動，許多郡分起初確曾做出回應，但他們很
快就因為憲法的表決通過而對局勢恢復了信心。即使是已
有一支不怎麼樣的軍隊向巴黎進發的諾曼第，在經過極輕
微的流血事件後，也都被平撫了下來。在當時，期待里昂、
波爾多及馬賽這三地的溫和力量同時抬頭，無疑是合理的。
雖然如此，雅克・羅卻於此時粗暴地挑戰了山岳黨人試圖呈
現的自信與寬厚形象。6 月 25 日，他公然譴責前者的憲法
不過是一場騙局，因其毫不能為貧者謀得利益。雅克・羅主
張以階級戰爭之類的手段來對付富人的呼籲，遭到了革命

桑茹斯。

領導階層聯手一致的抵制。公社宣布和他脫離關係，而一個強有力的雅各賓代表團亦成功勸服科德利埃俱樂部將他驅逐。雅克•羅起而還擊，但此後他即處於被動的防禦劣勢，到了秋天終於鋃鐺入獄。

　　事實上，真正擾亂中庸路線發展希望的，是戰局的演

變而非社會問題。丹敦欲開和平談判的盤算，遭到了當時
已對勝利自信滿滿的聯軍拒絕。山岳黨人開始諸事不順：
鎮壓旺代地區叛亂的行動遲遲未能有所進展，而於梅因茲
被圍的衛戍部隊則終不支投降。法國本土再次遭致入侵，
而奧軍也奪下了孔代與瓦倫辛(Valenciennes)二地。里昂
地區正在醞釀公開起事，而7月底時土倫亦落入了所謂「溫
和派」之手，不久即宣布路易十七爲其國王。當馬拉於7月
13日遭科黛(Charlotte Corday)刺殺身亡後，無套褲漢的
憤怒情緒被進一步激化。科黛的刺殺行動事實上雖是其自
發所爲，但她與在岡城叛亂的吉倫特黨人確有接觸，因此
山岳黨人很自然地開始認爲，他們的敵人已轉而採取政治
暗殺手段。馬拉之死無異除掉了一名無套褲漢的英雄人物，
一位性情雖然暴躁、卻忠誠始終的山岳黨人，連帶引出了
繼承其崇高地位遺缺的難得機會。野心勃勃欲求更上層樓
的埃貝爾和文森，遂迅即展開對丹敦及其友人的攻擊。他
們並不具備馬拉的無私奉獻精神，同時對於本身並非其中
一員的國民公會，亦無絲毫尊重。

　　丹敦於7月10日公安委員會定期改選時，就已經被摒
除於該委員會門外了，而羅伯斯比則於7月27日加入。到
了8月，委員會又接納了兩位軍事專家：卡諾及普里耶，
以著手進行對戰務的徹底檢討。他們因國民公會於8月23
日通過全民入伍令(levée en masse)，徵召所有十八至二十
五歲間的壯丁入伍，而添了新的麻煩。前述措施其實乃軍

馬拉。

馬拉為科黛所刺
殺。

《杜謝納爸爸》,
一份由埃貝爾
(上圖)編輯的報
紙。

方的傳統思考方式與無套褲漢渴望動員全體男性人口以雷
霆萬鈞之勢結束戰爭的妥協結果。為供應數十萬的新兵員
武器、彈藥、制服和食物，意味著必須開始對人力與物質
資源實行精細嚴密的控制。海軍的造艦計畫雖較不需耗用
太多人手，但卻需要大量的木材、鐵礦、銅礦、帆布、繩
索和火藥，因艦隊畢竟不同於陸軍，牽涉到許多精密與昂
貴的戰爭配備。當然，要能將這些機械設備派上用場仍需
時間，任何立即成果的出現都是不可能的。

　　在 8 月即將終了的時候，軍事情勢確實已經到了非常
嚴峻的地步。奧軍已在法國本土建立據點，而西班牙人亦
已越過了庇里牛斯山(Pyrenees)。至於「高貴的約克公爵」
(noble Duke of York) 領導下的英軍，則正在圍攻敦克爾

無套褲漢正在為
軍隊製作硝石。

行動中的革命政
府：里昂的革命
法庭。

克(Dunkirk)，與此同時，土倫港的三十一艘大戰艦及二十

六艘掛帆快艦，也在不動一槍一砲的情況下拱手讓給了英、

西的艦隊。這是法國海軍歷史上最糟糕的一場災難，也著

著實實地向無套褲漢及一般好戰分子印證了共和國在面對

叛國者時的脆弱。雅各賓分子變得愈來愈浮躁不安，而因

連吃敗仗而威望下挫的政府，則失去了對政治局勢的控制。

9月4日，一場在公社舉行、要求調高工資的示威活動，在

公社檢察官肖梅特(P-G. Chaumette)及其副手埃貝爾的引

導下，矛頭轉向，兩人並將示威群眾說服，決定於翌日朝

國民公會前進。

　　令議員們感到欣慰的是，9月5日這一天，還好有著太

多與5月31日至6月2日危機期間相似之處。這一次，輪

到埃貝爾及公社遺棄山岳黨人。群眾侵入了議會，而當羅

伯斯比欲將所有動議都提交公安委員會處理的企圖遭到挫
敗後，政府終於在暴風雨來臨前屈服，心不甘情不願地接
受了一些激進措施。在這些措施逐漸成形的接下來一、兩
週期間，工資與所有民生必需品的物價都開始受到管制。
嫌疑法以最模糊的說詞，將各種範疇內的人民都納入它可
隨時加以逮捕、未經審訊即無限期監禁的執法範圍。這一
來馬上就使各「革命委員會」(comités révolutionnaires) 或
各區的監視委員會掌握了極為可怕的權力。這些委員會的
控制權遂成了派系間暗地裡較勁的目標。一支「革命軍」
(revolutionary army) 也被建立，以嚇阻革命的反對者，尤

行動中的革命政
府：革命委員
會。

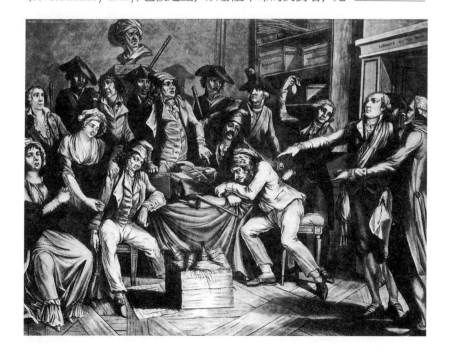

其是那些囤留穀物、不願將之販售至市場的人。原屬意由昂希厄出面統率的公安委員會，如今卻被迫接納洪桑(C-P. Ronsin)——一名與某些丹敦支持者不和的野心分子，同時也是埃貝爾與文森的盟友。此外，兩名與群眾抗議運動密切相關的人物，科洛德布瓦(J-M. Collot d'Herbois)和俾約瓦倫，也都獲准加入了委員會。這個收編動作有效地暫時中止了兩人的反對聲浪，雖然他們於接下來的夏季中，即又再度起而反對羅伯斯比。

　　不論是出於信念抑或因為害怕再輕舉妄動，公安委員會顯然是暫時放棄了將革命運動導向溫和方向的嘗試。局勢的演變就如同勒瓦舍後來所形容的:「沒有人會去夢想建立一套恐怖統治，它是在環境力量的牽引下自我形塑成形的；沒有任何個人的意志單獨將它組織成形，但每一個人

人民主權的實踐。

的意志，卻都爲它的誕生做出了貢獻。」在巴黎，國家審判
接二連三地上演：瑪麗王后、二十一名吉倫特黨領袖、巴
納夫、羅蘭夫人、巴伊以及其他諸人，在不到兩個月的時
間裡紛紛被送上了斷頭台，只有在羅伯斯比的反對下，另
外七十五位曾經針對其領袖之被捕簽署過一份祕密抗議書
的吉倫特黨人，才得以倖免接受審判。一些被派至外省的
代表，則訴諸於合法化的屠殺行動。這些行動並不必然都
已得到委員會的批示同意，但委員會確曾將其本身派駐里
昂的一名成員庫東(G.-A. Couthon)代之以科洛德布瓦，理

赴刑就死途中的
瑪麗王后。

由正是庫東過於手軟寬厚。國民公會授這些特派專員以全
權，而公安委員會則力促他們盡可能地激勵民氣並使地方
政治「革命化」。其結果是，地方上紛紛自行其是並導致激
進分子在全法國的大部分地區當權，另一方面卻也將國家
帶至無政府狀態的邊緣。許許多多的城鎮都建立了它們自
己的革命軍隊，以便在盡可能廣袤的地區內徵用可取得的
一切食糧。敵對市政當局間的衝突，以及地方民眾抵制爲
軍需徵用各種物資的努力，正在使所有的既存權威都飽受
崩潰的威脅。在旺代，配屬於無數支不同部隊的大量代表，
開始爲將軍的人選起爭執，而其繼起之衝突甚至被帶回到
了國民公會。這是自旺代地區以洪桑和羅西諾爾(J.-A. Ros-
signol)爲中心的「埃貝爾派」，遭到由威斯特曼(F.-J. Wester-
mann)和德格朗丁兄弟領導之「丹敦派」反對以來，最爲嚴
重的衝突。沒有任何政府會願意長期忍受這種混亂局面，

革命曆法結合了
理性與感性：霧
月、熱月及芽月
（右頁）的擬人化
形象。

　　至少對公安委員會而言確是如此。它之起而維護自身權威，
不過是遲早的問題罷了。

　　1793 年 11 月遽然出現的一場新的宗教衝突，使得整
個事態變得更爲複雜。革命分子決心使一切事物改頭換面
與合理化的意志——尤以他們引介入十進位度量衡制爲典
型——引領他們另行創立了一套全新的曆法。共和時代自
1792 年 9 月 21 日揚棄君主政體之日起算。一星期七日爲
一旬（décade）十日所取代，並因此「做掉」了星期天以及其
他深爲眾人所熟悉的基督教節慶。

　　與此同時，各地教堂裡的鐘器、鐘繩及聖杯，都已因
戰爭的需要而被奪走。凡此種種舉措激起了一股更爲積極
的破除基督信仰運動，矛頭正是對準了天主教教義。這股
運動複雜而令人深感困惑，因其不但是場群眾運動及意識

形態意向的表白，還是一椿政治陰謀。一個包括德斯弗爾在內的、由野心勃勃但立場曖昧的政治人物結合成的小群體，正在嘗試打造一部由巴黎市內各草根團體組成之聯合會撐腰的政治機器。這些人的初步行動，導致巴黎大主教於 11 月 7 日向國民公會提出辭職。公社迫不及待地立即擺出「西瓜靠大邊」的姿態，數日之後即於聖母院 (Notre-Dame) 舉行了一場頌揚理性 (Reason) 的慶典。它並進一步下令關閉巴黎市內的所有教堂。摒棄基督信仰已經逐漸被接納成為「優良無套褲漢」的戳記之一；而在該運動於全國各地蔓延開來之後，幾乎所有的法國教堂都已遭關閉，大部分的教士若非被迫辭職，就是得在威嚇下宣誓棄絕其

左上：代表共和圖樣的撲克牌。

左下：一名共和國的地方法官使一對仳離的夫婦復合。

對理性的崇敬禮拜。

對於上帝的崇
拜，是較崇理
性還要來得莊嚴
神聖的一件事。

信仰。

　　1793 年秋天乃是革命過程中最複雜的一段時期，因爲
有著太多的事情於同一時間內發生。牽涉其中的人物，大
多同時扮演數項角色：處於某一情境下的敵人，往往可於
另一情境中搖身一變爲盟友。宗教議題一如法國政治中常
見的情形，跨越政治派別的分際，不論是在「丹敦派」或
「埃貝爾派」的陣營中，都可以找到主張破除基督信仰者。
雖然自發性的恐怖舉措及反宗教運動在各省地區依然強

勢，但此時於軍事情勢中再次發生的逆轉，卻使公安委員
會得以鞏固其在國民公會中的權威。法軍於 9 月及 10 月裡
的勝利，迫使英軍與奧軍在比利時轉居於守勢。里昂被重
新收復，而一支已冒險突進羅亞爾河(Loire)以北地區的旺
代叛軍，則在 12 月時遭到痛宰潰散。聯軍在被逐出土倫時
是如此的倉皇，以致超過半數泊於該處的艦隻都被搶救了
回來。早在 10 月 10 日，國民公會就已表決通過，讓政府
於戰爭期間繼續維持其「革命性質」。此不啻意味著新憲法
已正式被束之高閣，而公安委員會的統治則獲得了無限期
延長。12 月 4 日，一項新法令為革命政府提供了彷如其自
身憲法的行事依據。公安委員會和一般安全委員會，被賦

里昂內戰，1793
年 12 月。

予了針對所有地方當局及特派專員的控制大權。而另一方
面，所有蜂起於各省的革命軍組織則被下令解散。這麼做
並非爲了鎮壓恐怖行動，而是爲了將恐怖分子手中創立的
私人事業收歸國有。以當時無套褲漢的權力在特派專員及
其代理人積極經營下、已在地方扎根的情形來看，新的組
織架構意味著權力已再一次回到了國民公會中那些受過教
育的袞袞諸公手上。後者漸漸取得了推行本身政策的手段
方法，但在當時對任何人來說，洞悉其未來可能代表之意
義，仍是言之過早的事。即使撇開政策本身不論，公安委
員會似乎遲早仍不免要起而與盤據巴黎公社內的野心集
團、陸軍部、巴黎革命軍及科德利埃分子對決，而這正是
使政府本身感到頗爲憂慮不安的一場對抗。

　　山岳黨人的團結，並未在擊倒其政治敵手後獲得維持。
任何讀過該時期各類辯論之內容者，無一不因 1793 年秋季
間各種曖昧派系之崛起及惡毒抹黑的盛行而印象深刻。甫
自前線歸來的勒瓦舍，就發現情況十分令人沮喪：

　　　我發覺(國民公會的)改變是如此巨大，大到我的頭
　　都開始發昏了……我幾乎已無法辨認出我的那些同事
　　們……在那曾經誕生過一個緊密團結之群體的「山岳」
　　(Montagne)之地，我竟然發現了一堆狗咬狗的敵對派
　　系；這些派系雖還不致公然相互廝鬥，卻是在從事著
　　一場比辯論衝突更具危險性的地下戰爭。在所有的新

　　黨派中，實際上好人雖仍佔多數，但我們也可以發現
一些暗藏著邪惡盤算與狡詐意圖的蛛絲馬跡。

雖然在勒瓦舍提筆之際距離這些事件已過了一代人的時
間，但他依然深信英國政府就是這些陰謀背後的藏鏡人；
而埃貝爾及其盟友，則爲受雇於反革命勢力的叛徒。

　　英人介入的程度與本質爲何，直到目前依然是個有待
探討的問題。然而就當時而言更重要的，或許是它幾乎已
被一致認定爲存在的事實。勒瓦舍已經正確地觀察到，各
派系往往捨政策事務之相互挑戰不爲，卻老是想著利用猜
忌、譏諷的手段，佐以恐怖統治下可畏的壓迫機制，欲置
對手於死地。而引發不滿的一項強有力因素，則是某些特
派專員因認爲政府處置旺代戰事不當而衍生出來的憤慨心
情。一位當時仍藉藉無名的議員布爾東(Bourdon　de　l'
Oise)，在自西部被傳召回來後，即衝著陸軍部長布休特(J.
B. Bouchotte)算老賬，在幾乎整整兩週的時間裡，不斷要
求將後者予以撤職。如此一來，陸軍部的敵人即全都成了
布爾東的朋友。腓力波(P. Philippeaux)也是暴跳如雷地從
旺代歸來，出版兩本小冊子指控公安委員會存心破壞該戰
場上的軍事行動。自夏季以來即在公開譴責丹敦的埃貝爾，
此時則因丹敦庇護下的巴雷(J-F. Paré)被任命爲其本身覬
覦已久的內政部長一職，而使其咬牙切齒再添一筆。至於
那些過去因有「不良紀錄」而急於展現洗心革面決心者，

如前侯爵馬利本蒙道(L. Maribon-Montaut)，則以極端訴求及譴責溫和路線自保。財務上的詐欺行為，此時則使這些原已曲折詭譎的關係進一步複雜化。到了 10 月，那位本身已要命地涉及篡改東印度公司清產令以謀私利的德格朗丁，祕密地向各執政委員會(譯按：即指公共安全委員會及一般安全委員會)成員告發一樁由一小撮招搖的極端分子(包括德斯弗爾)策劃的「外國陰謀」。11 月時，沙博(F. Chabot)揭發東印度公司的詐欺案，宣稱此不過為整個反革命行動中的冰山一角。雖然羅伯斯比警告他要「慎待愛國同志，不亂說話」(ménager les patriotes)，沙博還是指名道姓地把埃貝爾牽連入罪，而沙博的同夥巴西爾(C. Basire)，則同時對丹敦提出了控訴。我們至今已無從得知沙博所述其真實性究竟如何(這即使是在當時也辦不到)，但其中至少有部分是可以被接受的，且這番指控無疑已成功地翻攪惡化了當時的整個政治氛圍。

羅伯斯比於此時發表的一、兩篇演說，顯示出他認為戰局的有利逆轉意味著革命最終已獲安全，該是逐步走回憲政之治的時候了。在他看來，「暴君們」在戰場上吃癟後，正絕望地打出最後一張牌：寄希望於他們的間諜密探們能誘導革命分子彼此互相殘殺。與勒瓦舍一致的是，羅伯斯比將一小撮敵國間諜和那些誠懇的、但卻容易上當的議員做了區隔。整個秋天，羅伯斯比都在耐心地為某位雅各賓分子辯護，以抵銷來自另一名雅各賓分子的攻擊，但他最

終得出的結論卻是：平息派系爭戰的唯一良法，就是將那些眞正在裡頭興風作浪的人揪出來，予以摧毀。德格朗丁對德斯弗爾及其朋黨的指責，似已因爲後者在破除基督信仰運動中扮演領導角色而獲得證實。該運動觸怒了羅伯斯比的盧梭式自然神論信仰(deism，譯按：乃相信有神存在，但卻不相信神能對人有所啓示，不接受宗教敎條的一種宗教觀)，並招引來原無必要的反對。11 月 21 日，羅伯斯比於雅各賓俱樂部中發言攻擊破除基督信仰運動，並將「外國間諜」——德斯弗爾、普魯里(P-J-B. Proli)、佩雷拉(Pereira)及杜布伊森(Dubuisson)——都逐出了雅各賓俱樂部。

到了 12 月，前述夙仇與派系因素交織而成的複雜糾葛，隱約已演變成爲兩派人馬間的鬥爭：一派寄希望於丹敦的卵翼(或甚至其領導)，另一派人馬則來自科德利埃俱樂部。丹敦本身的角色當時頗爲曖昧，因其本就喜藏諸幕後，但前內政部長加拉(Joseph Garat)卻宣稱丹敦曾告訴他，其政策乃欲替那些已經被捕的吉倫特黨人尋求特赦並助他們回到國民公會，同時致力達致和平，結束經濟管制以恢復繁榮，並終止警察的恐怖統治。其策略則是希望以他的左翼追隨者和右翼的殘存勢力聯手，共同來打倒國民公會中的那兩個執政委員會；爭取公安委員會中的羅伯斯比和巴雷爾(B. Barère)；以及撤換該委員會中較具暴力傾向的成員——桑茹斯、科洛德布瓦和俾約瓦倫。這原是個

德穆蘭。

很可以打動公安委員會多數委員的政策——如果它是在有
秩序的情況下被執行，且不致在共和國與部分敵人達成和
平前干擾到戰時經濟的話。這就如同勒瓦舍後來所說：「不
論是羅伯斯比、丹敦，還是德穆蘭、桑茹斯，其實都意識
到革命經已達致其最高潮，如今仍需努力的，唯調節一事
而已。他們全都希望回到寬容(indulgence)與法治的路子
上，可惜目標雖同，方法卻全異。」羅伯斯比個人確實已經
挽救了一群吉倫特黨後座議員的性命；他和丹敦也正聯手
領導反對破除基督信仰運動。當他們兩人共同的老朋友德
穆蘭，發行一份新報《老科德利埃報》(Vieux Cordelier)以

支持溫和路線時，還曾將首批報紙內容的校稿交給羅伯斯比過目，顯見後者對其意圖的大力支持。

然而，整個計畫後來卻因德穆蘭的不負責任和德格朗丁的耐不住性子而搞砸。陶醉於辦報成功喜悅中的德穆蘭，在其第三號 (12 月 15 日) 的報紙內容中，對恐怖統治及公安委員會左右開弓，做了同等量的攻擊。羅伯斯比雖仍在雅各賓俱樂部中為德穆蘭發言辯護，但他顯然並不準備支持針對己身所屬之委員會發動的攻擊。而因警覺到對東印度公司清產醜聞案進行之調查遲早必將暴露其貪污劣行的德格朗丁，則急於摧毀科德利埃俱樂部及嚇阻任何的可能敵手。德格朗丁為求撤換公安委員會成員而在議會發動的攻擊，並未達到目的，但到了 12 月 17 日，他卻成功勸服其議員同僚在事先未徵詢一般安全委員會的情況下，下令逮捕文森。布爾東則藉機將該項逮捕動議擴大至他在旺代的老對頭、剛從派駐里昂的職務上歸來的洪桑。「寬容運動」結果竟演變為攻擊科德利埃分子的局面。

12 月 21 日，科洛德布瓦自里昂歸來。基於自保的考量及對其在里昂時的下屬洪桑之信任，驅使他起而為後者辯護。他爭取到了不少雅各賓分子的支持，而一度相對沉寂的埃貝爾，也終於鼓足勇氣回到攻擊的崗位。事到如今，丹敦與公安委員會多數委員間的結盟，已不可能。為維護自身團結，委員會採取了中立立場，將所謂的「寬容派分子」和科德利埃分子一律視為傾軋作怪之徒。德格朗丁於

1月12日被捕，意味著爭鬥中的雙方如今都已各有「人質」押於獄中，而使政府暫時獲得了喘息的機會。然而，德格朗丁、文森與洪桑畢竟遲早都仍將獲得釋放或被迫面對審判。任何一場審判都將帶來危機，而任一派系的勝利，也都可能會使政府陷於另一派系的叫囂擺布。

2月1日文森和洪桑雙雙獲得釋放，此舉引來科德利埃分子意料中的攻擊行動。在稍做遲疑與短暫的卻步後，3月初科德利埃俱樂部的領導人開始威脅要再發動一場新「五三一事件」。科洛德布瓦做爲雅各賓俱樂部的發言人，試圖爲雙方談判停火，但科德利埃分子依然堅持粉碎其敵手。於是，就在他們仍叫囂不歇、發聲威脅時，政府先發制人，於3月13日對他們發出了逮捕令。埃貝爾、文森、洪桑及他們的支持者隨後面對的審判，隨時都有引發公社及巴黎各區暴力行動的危險。兩個執政委員會遂以保護巴黎市長巴什(J-N. Pache)及巴黎國民軍指揮官昂希厄的手段分化公社，而這兩人當時其實都已飽受狂熱分子的指責。審判本身是個全然受到人爲操縱的過程：部分針對埃貝爾的合理指控並未受到調查；其他則純屬虛構，以使被告在無套褲漢眼中變得聲名狼藉。舉例而言，他們就被硬套上了一個陰謀干擾首都糧食供應的罪名。誠如一位時人所說：「埃貝爾這個已經幹下累累眞實罪行的壞蛋，最終卻死於一些莫須有的罪名。」德斯弗爾和他的小集團成員，也與科德利埃分子一併被送上了被告席。審判結果，除一名警方

的密探外，所有被告都被判有罪而遭到處決。

　　也就正當公共檢察官富基埃坦維爾(A-Q. Fouquier-
Tinville)在為埃貝爾及其朋黨之控訴案做準備的同時，國
民公會表決通過了將東印度公司詐欺案的涉案者控上法
庭，其中最重要的人物即丹敦之友德格朗丁。當一般安全
委員會的阿瑪(J-B. Amar)試圖將此呈現為一單純的貪污
案，以保護被告免上革命法庭面對可能的死刑時，俾約瓦
倫和羅伯斯比則堅持必須將該案視為政治事務來加以處
理。這裡馬上浮現的問題是：誰還應該要被牽扯進來？富
基埃的紀錄顯示，將丹敦和德穆蘭牽連進來的決定，是直
到很晚的時候才做的。俾約瓦倫和桑茹斯對此似乎都在
積極運作推動，而羅伯斯比起初則激烈反對。枱面下的祕
密談判進行著，而丹敦可能在談判中即被建議，以答應不
試圖說服國民公會為德格朗丁跨刀介入為條件，來換取個
人的安全保障。如果內情真是如此，那丹敦顯然是拒絕了。
但如放任丹敦自由，意味著其對手就得冒上被丹敦的激情
演說扭轉整個國民公會人心的風險；而一旦在這種重大議
題上吃癟，政府勢將垮台，甚至還可能反過來造成本身的
部分成員被丟上被告席。在稍許遲疑之後，羅伯斯比終拿
定主意積極準備對付丹敦的案件。「丹敦派」之受審，是與
埃貝爾面對審判時截然不同的景象。議員們無疑樂於鏟除
那些來自科德利埃俱樂部及巴黎公社的威脅者，但丹敦在
國民公會內畢竟擁有很多朋友，且不論其同僚對其個人名

望的觀感為何，他們對丹敦倡導的溫和路線，基本上卻是
贊同的。其實僅僅是基於自保的心理一項，就足以讓他們
不願將其議員同事送至革命法庭受審。這件事政府最終雖
仍得於國民公會中遂其意志，卻也著實吃了一些苦頭。丹
敦畢竟是個比埃貝爾更厲害的角色。他主導整個審判，並
贏得了法庭內聽審觀眾的共鳴。要不是兩個執政委員會和
富基埃坦維爾採用了欺瞞與嚇阻的非常手段，他們還未必
可以馴服國民公會及誘導那些親手揀選出來的陪審員，對
丹敦做出有罪的判決。

　　公安委員會的本意，或許原本就是希望透過議會運作
的方式，掌握科德利埃分子和寬容分子。迫於一連串事件
的壓力，他們不得不採取一些危險而血腥的權宜之策，因
此他們都希望對於議員的整肅行動，應可以在丹敦之後即
告一段落。然而事實上，他們已是揭開了「潘朵拉的盒子」，
並如一位山岳黨人舒蒂歐(P-P. Choudieu)所言，造成了
「無法治癒的創傷；在這起針對國家代表的新攻擊後，壓
迫再無盡頭」。國民公會確實已經因為威嚇而噤若寒蟬，但
如今公安委員會和一般安全委員會在許多山岳黨人眼中，
卻都已活脫是個暴君，而任何平順地轉型至常態憲政運作
的前景，亦已如雲煙消散。

　　在這樣的環境下，公安委員會中央集權程度的增高，
就使人心愈覺絕望沮喪。雅各賓俱樂部接下來的七任會長
中，除一位例外，餘皆同時身任兩個執政委員會中的成員，

而該俱樂部內的眞正論辯自由，也都已消逝不見。政府建
立了對巴黎公社的嚴密控制：肖梅特已被處決，巴什則遭
到逮捕；而公社中的所有重要職務，如今亦已全爲公安委
員會提名出來的人選所充塞。自主的無套褲漢運動下碩果
僅存的一些群衆團體，則面臨被解散的威脅。巴黎的某些
區開始在街頭上以兄弟會餐宴(fraternal banquets)的方式
聯絡感情，但未及成熟即又已遭到壓制。行政部會皆已裁
撤，而部長一職則被代之以直屬於公安委員會的公務人員。
除此之外，各省中的革命法庭除兩座外，也全遭揚棄，相
關案件的囚徒們則被送至巴黎受審。羅伯斯比和庫東的傑
作，亦即於 6 月 10 日通過的一項野蠻律法，剝奪了被告尋
求辯護律師協助與傳喚證人之權。在前一年的冬季期間，

海峽彼岸眼中的
恐怖時期景象。

控訴案中被判有罪者平均不過三成，如今則已增逾七成。
這正是一段教法國及全歐洲都留下難以磨滅印象的「大恐
怖」(Grande Terreur)時期。

　　其實，政府的官僚高壓統治反映出來的，無寧是其孱
弱而非強勢的體質。倘若說它再也不能仰賴於公民們的自
發行動,這種現況也是它自己親手造就出來的(雖然亦非完
全是其自身的過錯)。處於這種新的施政態度下，無套褲漢
大眾其實就和其他任何的社會群體一樣，都在捱苦受難。

大革命時期是藝
術的貧血時代。

當造船廠工人為抗議在不到一年的時間裡二度減薪，而於瑟堡(Cherbourg)發動罷工時(此事本身可能即相關行政部門的錯誤所造成，對此有關當局亦因害怕而始終不敢向公安委員會報告)，瑟堡的地方當局即指責罷工為受雇而來的動亂分子所為，威脅要將所有不願馬上回到工作崗位上的人，呈報公安委員會，視為反革命處理。這種態度，已與佩蒂昂當年不厭其煩的諄諄說教，相去甚遠了。在極端分子和溫和分子都已同遭處決之後，已經再也沒人知道何謂「正統」了。而革命運動經已全然喪失其方向感的這個事實，正是導致政府高度中央集權化的原因之一。這個過程，使得所有的社會張力和挫折感，都逐漸移轉到了公安委員會身上。在此之前，公安委員會從未如此刻般強大，也從未像此刻般孤立及深為人們所憎恨。這種不自然的緊張關係當然不可能長久存在下去，然而它究將如何結束，以及到底誰將於未來那場無可避免的變故中遭致毀滅，直到當時，仍都是個未知數。

第 7 章

追求穩定

——

1794.6-1799.11

　　革命的腳步到了 1794 年夏天, 剩下來的問題就唯有如
何將它結束了。它所達致的成就, 除一小撮議員外, 說得
上已經教所有人都感到滿意。法軍於 6 月中時在弗勒呂斯
(Fleurus) 擊敗奧軍之役, 預示著一直搖擺不定的戰局, 終
於即將大勢底定。共和國的軍隊在每一個戰區的前線上都
採取了攻勢, 而布勒斯特艦群雖於 6 月 1 日的一場會戰中
遭到挫敗, 但由它護航的美國糧食船隊則安然抵達。恐怖
統治顯然已無必要。大部分山岳黨人私下裡大概都會同意,
這種局面必須予以結束。即使是桑茹斯, 在他位於前線的
帳篷中, 也都私下向勒瓦舍表達過同樣的想法。問題只是
在於: 究竟該如何進行? 在公安委員會內部, 俾約瓦倫似
乎打算繼續既有路線, 一直到法國社會已全面再生、煥然
一新爲止。而科洛德布瓦則心中明白, 政府的管制力量只
要稍一鬆懈, 他就會因駐里昂時曾經背書過的暴行而成衆
矢之的。如果說藉由大赦、循序漸進回復常態的機會曾經
出現過的話, 那麼, 發生於 3 月及 4 月份的整肅行動, 則
使這個可能性不復存在, 徒留許多鎮日爲自身安危憂心忡
忡、並急於報復的丹敦黨人及科德利埃分子。政府一手獨
攬所有大權的結果, 當然也就使其集怨於一身。擔驚受怕、
憤懣不滿的一些山岳黨人小團體, 逐開始商議如何終止國
民公會爲公安及一般安全委員會所把持的局面。而一般安
全委員會本身, 則因爲公安委員會內部成立的一個新警察
機構侵害到其權威(羅伯斯比於這個短命機構的大部分存

左頁: 共和國的
陸上勝利(弗勒
呂斯之役)及海
上挫敗(「復仇者
號」於光輝的 6
月 1 日沉沒)。

日趨瘋狂的鎮壓
行動：國民公會
特派專員勒朋
（Le Bon）以及
彷如孿生的阿拉
斯和康布雷兩地
的革命法庭。

在時間裡，主導了其運作），而多少遭到了局限。這兩個委員會同時也受到了內部派系分化的困擾。羅伯斯比於一般安全委員會裡的敵人，嘗試透過與不滿的山岳黨後座議員接觸來強化本身地位；而羅伯斯比則仍自以為是地希望憑藉對山岳黨領袖議員們的說服掌握，操控國民公會中的沉默多數。恐懼感與不安全感普遍籠罩著議會，並已到了敎人無法忍受的地步。

　　公安委員會本身的日趨分裂，最終才為事件的發展帶來了轉變的契機。在當時那種政策方向與當權者的人格特質都呈一片混沌矛盾的局面下，想要確認任何一個人的眞

正立場，其實並不可能。關於這方面的「證據」，事實上大多來自那些在羅伯斯比垮台後，為保老命而把發生過的一切都諉罪於羅伯斯比的人們。看來似乎是羅伯斯比和庫東——加上後來桑茹斯的支持——辯稱：除非再將六名深涉於各省暴行中的議員處決以排除推行溫和政策的障礙，否則勢將無法終止恐怖統治。至於俾約瓦倫及科洛德布瓦，則根本不覺得必須終止恐怖統治。委員會的其他成員或許是對丹敦之審曾幾乎逸離他們的掌控一事記憶猶新，大多拒絕再對國民公會發動進一步的整肅行動。卡諾與桑茹斯因軍事行動上的指揮調度而私下交惡；而像羅伯斯比這一號每遇危機時刻即神經緊繃、對他人處處猜疑的人物，則是個極難共處的同事，且他也越來越傾向於在未徵詢其他同僚意見的情況底下，將已決定好的政策丟給他們。

7月26日，羅伯斯比掀動一場新的危機，要求國民公會整肅一般安全委員會，然後將之納屬公安委員會——同時也要將後者一併予以整肅。議會在機械式地自動通過其演說後，改變主意，轉而採取不願為其背書的態度。雅各賓分子雖為羅伯斯比提供支持，但他們的影響力如今已微弱得不足以左右大局。在7月26日至27日的夜裡，山岳黨人之間孤注一擲的談判，促成了一個反羅伯斯比聯盟的建立。翌日，也就是革命曆的共和二年熱月9日(9 Thermidor Year II)，桑茹斯嘗試說服國民公會在不把俾約瓦倫和科洛德布瓦排除至委員會外的情況下，對該二人予以責

難。結果桑茹斯竟被大喝倒釆，而羅伯斯比要求對此做進一步聽證的動議也遭到拒絕。經過好一陣惡言惡語的辱罵喧囂之後，議會終於表決通過了逮捕羅伯斯比、庫東和桑茹斯。此外，羅伯斯比的兄弟及一般安全委員會的勒巴斯（P-E-J. Le Bas），因堅持與這三名被指控的議員站在同一陣線，也一併遭到了逮捕。對那些支持羅伯斯比於公安委員會內之作爲的史家來說，值得強調的是，在當時的那個階段，這場危機仍是以委員會大多數成員的勝利告終，而其結果，看起來彷彿就像恐怖時代仍未結束。

　　局勢的轉變，是在當羅伯斯比於巴黎公社內的朋友企圖爲其組織一場叛亂時，才發生的。這種發展看起來似乎

處決羅伯斯比。

就是議員們長久以來所懼怕的：與巴黎為敵。就在當天夜裡，兩派人馬競相爭取巴黎國民軍的效忠，而首都內部的一場內戰，似已迫在眉睫。公社最終未能善用其原初的軍事優越地位，而當國民公會將叛亂的議員及公社都宣布逐出法境後，造反一方的支持力量逐漸消退。7月28日凌晨，忠於國民公會的國民軍在未遭抵拒的情況下順利佔領了公社位於市政廳(Hôtel de Ville)內的總部。勝利者處決了五名議員以及公社的六名官員和八十七位一般成員。市政當局至此實際上已遭徹底摧毀，而這也是自1792年以來，議會終得以首次免除街頭直接行動之威脅。這種政治危機下出乎眾人意料之外的結局，顛覆了既有的權力均勢，因為議員們已不再需要一個強有力的政府來保護他們。當公安委員會中尚存活下來的委員提議填補其前任同僚們留下的空缺並恢復原來運作時，遭到了議會拒絕。國民公會開始打破公安委員會的無上權威，將其權力局限於戰爭及外交事務，並下令實施委員的輪替。一向都只是奉命行事的倒楣鬼富基埃坦維爾，則遭到了逮捕。而要求革命法庭在反革命意圖已證據確鑿的情況底下始得判處嫌犯死刑的決定，則標示了組織性恐怖統治之結束。輿論咸認熱月危機的結果意味著恐懼時代的消逝，而其壓力則強化了議員們的自發傾向。處於這種普遍的安樂情緒下，幾乎每一個人都可以找到一些足以讓本身欣悅起來的理由。當勒匡特(Laurent Lecointre)於8月底公然譴責俾約瓦倫、科洛德

布瓦和巴雷爾，以及一般安全委員會中的四名委員於恐怖
時期中的暴行時，山岳黨人異口同聲表現出來的憤慨，使
這項足以撩撥起不久前傷痛的輕率舉動，很快即又歸於沉
寂。

　　然而，這種源於如釋重負之心情下取得的意見一致，
不久即又爲個人野心當道及翻舊帳、算夙怨的局面所取代。
前「恐怖分子」如弗雷洪(S-L-M. Fréron)及塔里安(J-L.
Tallien)，紛紛搖身一變爲咄咄逼人的反雅各賓分子。在他
們的鼓動下，前兩年間曾遭迫害的人們紛紛起而控制了巴
黎各區的大半，而這些區很快就像以往遠遠站在政府左翼
的時候一樣，遙遙地擺到了右翼的位置上。一批由卡里埃
(J-B. Carrier)——國民公會最殘暴的特派專員之一——從
南特送來的囚犯，在接受審判後，不但都獲得了無罪釋放，
甚至還導致卡里埃本身的被起訴。到了該年的 12 月，卡里
埃終於被判處死刑。由於來自共和二年的情緒反彈逐漸取
得動力，原本尙身陷囹圄的吉倫特黨議員遂被允許重新恢
復其議席。而那些原已被逐出法國境內的殘存吉倫特黨人
(包括伊斯納)，則在 1795 年 3 月得到特赦並被允准歸來。
也許可以理解的是，他們已毫無心情探求和解，只是急於
對以前的迫害者傾瀉滿腔不能止息的義憤。當勒匡特於 12
月舊曲重彈時，他對革命政府的攻擊言論已獲得了更大的
共鳴。國民公會遂決議創設一個專責委員會，以調查針對
俾約瓦倫、科洛德布瓦和巴雷爾，以及一般安全委員會的

瓦蒂埃(M-G-A. Vadier)提出的指控。1795 年 3 月，這個委員會說服了國民公會，將這四名議員都送交審判。一星期後，它正式否定了發生於 1793 年 5 月 31 日至 6 月 2 日間叛亂的正當性。當國民公會開始對這四名被告的控訴內容進行辯論後，他們以前的同事，紛紛起而為之辯護。尤其是林岱(Robert Lindet)──這位或許稱得上是前公安委員會中最溫和與最具人道主義胸懷的成員，在其長達六個小時的演說中，為革命政府過去的紀錄辯護，並呼籲國民公會不要自毀名望，必須「拒絕一項會導引你們陸續將所有同僚都送上斷頭台的政策」。他指出了一項不受歡迎的事實，即倘若山岳黨人拒絕為這四人辯稱他們乃是遭到了羅伯斯比的威嚇或欺騙（即使這聽起來似乎難以教人接受），一向置身於鬥爭之外的多數議員，勢將同樣拒絕接受山岳黨人自辯本身乃迫於公安委員會淫威下的說法──因為後者的所有舉措，事實上都曾經過議會的同意接納。在提醒過當前的部分控訴者他們自己過去的血腥紀錄後，林岱向所有議員呼籲寬容地遺忘這一切。這番談話導致一名甫復職不久的吉倫特黨人揚言，將緊接著提出對林岱的逮捕與審判要求。到了 1795 年 4 月，時間彷彿已又回到了兩年前。

　　與此同時，熱月黨人的經濟政策已經面臨破產。他們希望拋卸共和二年各種管制手段的努力，特別是廢除「最高限價」(maximum)的措施(亦即放棄對日常生活必需品的價格管制)，起初確曾一度獲得相當程度的支持，因為受

徵糧。

過教育的人們都會同意管制手段無異褻瀆了任何一項正確的經濟原則,而無套褲漢亦可能因此聯想到必須排隊久候、接受配給與忍受高價的痛苦。然而縱使農作時的氣候條件良好,想要在不施嚴厲管制手段或避免通貨膨脹失控的情況下維持戰務運作的規模,就已經是不可能的事,何況事實上,1794 年的收成並不理想,而一場格外酷寒的冬季,則導致了歷來最嚴重的食物短缺。為使城鎮居民免於挨餓,政府被迫恢復徵糧措施,但如今它已是孱弱得無法再像去年般強遂其意志。死亡率急速上揚,而一小撮投機客與戰爭承包商對公款的濫用,則使社會緊張進一步惡化——雖然這些人之作為與否,對於多數人物質生活上所遭受到的磨難,其實並未構成多大影響。

在巴黎這個絕對說不上是遭前述打擊最深重的法國城鎮中,1795 年 4 月 1 日發生的一場饑饉騷動,為議會草草

結束四名議員控訴案的冗長辯論提供了良好藉口，並在不
待判決的情況下下令將他們驅逐出境。翌月，一場更嚴重
的騷動則導致國民公會被入侵，以及一名議員被殺的無秩
序狀態。由於缺乏適當的組織或領導，亂民們未能好好把
握良機，政府最終遂得以透過武力的展現將他們鎮服。這
一回，十四名出面支持叛亂的山岳黨議員遭到了逮捕，其
中六位隨後即被判處死刑。整個巴黎則有逾一千二百人被
捕。前恐怖分子的被迫「繳械」，不僅使他們失去了手中的
武器，連帶也被剝奪掉了本身的公民權利；而群眾運動的

1795 年牧月，議
會遭群眾侵入並
導致一名議員被
殺。

南方的白色恐
怖：太陽幫的一
名資產階級成
員。

領導人則成了威權下的無助受害者，只要一有風吹草動就
會被警方傳訊，同時也為間歇性的牢獄之災整得一塌糊塗。
各省中由於權威的局部崩潰、糧食匱乏以及保皇思想復興
等因素，導致了盜匪普遍橫行，這種現象使各地的情況遠
比巴黎來得更糟——而這一切，多少都與政治有關。在南
部，有組織性的謀殺幫派，往往在地方當局(偶爾也是在特
派專員)的默許縱容下，以不遜 1792 年 9 月監獄大屠殺之
殘酷程度，恣意在白色恐怖之下殺戮牢獄中的囚犯。

　　處在這種情勢之下，加以國民公會亦開始與山岳黨人
為敵，王黨分子的重新得勢已變得極有可能。對共和分子
來說，幸運的是，王黨分子內部和他們是一樣的分崩離析。

其實，貴族們、忠貞的王黨分子及君憲主義者，本來或許都能一致同意接受路易十六年僅十四歲之子的復辟。由於這同時意味著他將需要一位攝政或一個攝政團的輔助，這樣的出路對一些較爲保守的共和分子來說，也可能是可以接受的。然而，路易之子於 1795 年 6 月在獄中的逝世，爲所有這些希望都劃下了休止符。僅僅一個月內，一支於法國西部奇布倫(Quiberon)登陸的流亡者隊伍就已被擊潰；而那位已自詡得天命的前普羅旺斯伯爵發表的一篇聲明，則顯示他已無意接受依循 1791 年憲法之方向所做出的任何可能讓步。流亡者無力反攻法國，這個國家也不可能接受皇室的無條件復辟，而君憲主義者則已拱不出一位立憲君主。就當時的情況而言，國民公會實已無其他的路可走。

　　無論如何，議會當時正準備自我了結。8 月時表決通過的憲法，表面上被說成是 1793 年憲法的「修正」版本，骨子裡卻是個嶄新的憲法。爲使國家有能力抵禦來自雅各賓主義與復辟浪潮的衝擊，1795 年憲法將行政權均分予五位經立法會議選舉出來的「督政官」(Director)。立法會議則共有兩院，在同樣的基礎上選舉產生，兩院的區別僅僅在於各自成員之年齡。三分之一的議員代表和兩名督政團成員，必須每年更換。雖然所有納稅人都有資格參與第一回合的選舉，但他們唯有在相當富足的基礎上，才可能被進一步推選爲「選舉人」(elector)。這種選舉人爲數共約三萬，而議員們正是由他們所選出。相較於 1793 年憲法的民主原

做爲對雅各賓主義之回應的1795年憲法。

則，這無疑是個相當大的倒退，但就當時歐洲的標準而言，它依然稱得上是革命性的。爲杜防王黨分子在選舉中的可能勝利(這種結果勢將危及數百名弑君議員的性命)，國民公會遂議決將首屆新議會中的三分之二議席，限定保留予具現任國民公會代表身分的議員。

　　一場針對新憲法舉行的公投，顯示它獲得了相當可觀的支持——每一種不同想法的人，都希望能從中謀取本身的利益。但它同時也彰顯了大多數人對所謂「三分之二原則」的反對，因爲如此一來，無異阻絕了衆人於不久的將來迅即得以鑽營利用該體制的空間。巴黎市內的王黨分子憑恃握有許多區的控制權，發動了一場叛亂，其氣勢顯示

他們擁有可觀的群衆支持。它最終的失敗倒非由於遭遇到
無套褲漢們的反制，而是因爲巴拉斯(P.-F. Barras)及拿破
崙(Napoleon Bonaparte)在五千名正規軍隊的翼助下，有
效地成功組織了對議會的防衛。

　　約有三百名叛亂者在這場衝突中被殺身亡的事實，使
其成了革命歷程中最血腥的一幕。就某一面向言，它象徵
了革命政府自 1794 至 1799 年以來，脆弱的政治地位與強
勢軍事力量並存相合的特質。隨之而來的鎮壓行動，較之
前一春季糧食暴動後之處置，顯然已是溫和許多。無論如
何，來自右翼的威脅，確也導致了那些曾因政治異議動作
而遭到逮捕的人物，獲得了釋放。

　　1795 年憲法確立了督政府的弱勢地位。它嘗試著在一

保皇分子於1795
年葡月展開的叛
亂行動，以失敗
告終。

個因戰亂、通貨膨脹、糧食匱乏及革命的暴力傳統而導致
的不可能情境裡，實施各種自由政策。督政府眞正的支持
者極少，而史家們則旣不願承認這些才能之士的成就，也

已經被「解放」
的荷蘭。

馬背上的革命：
拿破崙。

不願同意他們是為一些極度棘手的難題所拖垮。他們在軍事上獲致傲人成就，但法國國內顯然已無法再經由正常的憲政手段來加以治理。

　　熱月黨時期，國民公會轄下的軍隊已橫掃過荷蘭一地，並迫使普魯士和西班牙退出了戰局。然而兼併比利時一事，卻使得其與哈布斯堡帝國（Habsburg Empire）或英國之間，不易善了。1796 與 1797 年間的軍事行動，使法軍贏得了自該世紀以來，在日耳曼與義大利地區的最決定性勝利。眼

看著自己的帝國首都也已危在旦夕，哈布斯堡皇帝法蘭西斯二世(Francis II)只好被迫求和，獻出倫巴底(Lombardy)及同意法國對萊茵地區的佔領，以換取本身對威尼西亞(Venetia)一地的兼併。到了1798年，一長串的「姊妹共和國」——易言之，即是些法國的傀儡之邦——布滿了法國自荷蘭以迄地中海的整個東界，並且頗具風險地橫跨過敎皇國與那不勒斯(Naples)，並擴張至義大利半島的末端。督政官們原本是比較傾向於在義大利採取一種較低調的政策，冀圖以義大利的領土換取和哈布斯堡帝國間的持久和

慶祝雷歐本休戰協定。————

平，但由於拿破崙戰功彪炳，他已力足以在這個問題上強
遂其意志。法、英兩國仍處於交戰狀態，但法國與西班牙
的結盟則成功迫使英人撤離科西嘉(Corsica)，並將艦隊退
出地中海。雖然法人於1797年入侵愛爾蘭的企圖乃是以慘
敗做收，但英國海軍本身在該年發生的兵變事件，以及翌
年爆發的愛爾蘭叛亂，卻也相當程度地降低了來自海峽彼
岸的威脅。督政府確實有理由期待，英人最終將不得不接
受法國兼併比利時的事實，而前來與之進行和談。另一方
面，戰爭的持續，反而爲法國政府本身提供了約四分之一
的國家收入，這是自佔領諸地掠奪得來的成果。而至1797
年時，回到承平時期正常經濟運作的前景，終於出現。

　　督政府雖然在戰爭事務方面承繼了一個強有力的地
位，但在經濟上它卻面臨著一個破產的殘局。在經歷另一
場酷冽冬季後隨之而來的壞收成，狠狠地給了指券最後的
致命一擊(譯按：指券乃1789至1796年間流通於法國的
一種以國家財產爲擔保的證券，後即被當做通貨使用)。至
1795年末時，單單在一個月內，政府就印製了八十億英鎊
之鉅的指券。從南特地區一位富裕家庭主婦保留下來的日
常支出流水賬目中，我們可以看到她在1794年末時，每月
僅需花用約十五英鎊；然而一年之後，單是麵包一項，其
每個月的花費就已逾八百英鎊，而她至此也「宣告投降」，
放棄了做家計預算的一貫努力。1796年2月指券遭致揚棄
而代之以「土地券」(mandat territorial)，惟後者一年後即

又已喪失貨幣功能。1797 年時，三分之二的國債乃是以可換購教會及流亡者所遺物產的債券形式抵償的，可是翌年政府卻又翻臉拒絕接受以債券做爲該項用途。實際上，這已等同於國家財政破產的宣示。如此處置國債清償的蠻橫舉措，雖使許多個人蒙受慘重損失，但在陸戰結束的大環境配合下，卻使局面恢復了局部的穩定。此外，收稅的情況在該項任務已經由選舉產生的地方官吏手中移轉至中央政府專員後，也獲得了改善。到了 1798 年，法國的財政體制已不再如革命前那般的缺乏效率。

其實，想要爲當時的整個經濟狀態做一個概括性的說明並不可能，因爲不同的情況在兩個極端之間都曾經出現過。陸路交通備受盜匪蜂起及 1789 年來荒於造路、修路的問題所困擾，而沿海航運則是暴露於英人的攻擊之下。因爲戰爭，勞力與資本都面臨短缺，而局勢既如此動盪不定，投資意願自然也就低落。可是儘管依然面對著各項通貨膨脹後遺症的衝擊，卻有跡象顯示經濟活動已逐漸回到了革命前的水平。舉例而言，昂贊 (Anzin) 礦區於革命爆發的前一年曾生產三十萬噸的煤，1794 年時產量降至六萬五千噸，但到了 1799 年則又已回升至二十四萬八千噸。倘若與同時期英國的急速發展相較，這種回升不過是「收復失地」，但這畢竟總要比一無所有強得多。某些產業確實可以期盼在佔領地區尋得新的市場，但海外貿易的前景，卻是一片長黑。1789 年時一度爲法國經濟最有活力的大西洋沿岸諸

港，如今正爲英軍的海上封鎖所窒息，一直要等到拿破崙戰爭後不久，才又重新恢復革命前的盛況。督政府時常被人形容成資產階級政權，整體而言它也的確重視財產的維護更甚於出身與衆意。然而儘管它已將國家推往復甦之路，但督政府的努力，仍永遠無法敎那些其選舉所賴的商人或地主感到滿意。

對這個被形容爲「革命事業執行局」的政權來說，它的致命弱點，正是革命本身的政治遺緒。督政府的最大難題，就是如何取得足夠的支持，以使革命大業得以繼續存活。國民公會即使在熱月黨人已將其多位前領袖放逐後，仍然表現出某種程度的團結。儘管內部分化依然熾烈，他們對於底線何在的共識，卻還是相當一致。雖然 1795 年的憲法規定自 1797 年起每年舉行定期選舉，但這部憲法唯有在選民願爲保守的共和主義背書的情況下，才可能帶來穩定的局面——而正是這種基於原則與自保的雙重考量，才使國民公會的前議員們得以緊密結合。一旦選民們選擇的是復辟路線(不論其形式爲何)或已失勢山岳黨人的極端共和主義，那麼憲法中的三分之二法則，就只能爲原國民公會議員提供短短數年的保護了。換另一個角度來說，一個反映了國內各種意見的憲法，無可避免會造就一個同樣分化的立法部門。當這種情況發生時，熱月黨人也唯有透過褻瀆憲法的手段，才有辦法繼續維持秩序。

1795 年的那場失敗叛變，首先促使新政府注意到的是

巴黎保皇思潮的強固，也因此阻止了政府向右擺去。叛變
之後，督政府著手整肅其本身的公務人員，並拔擢可信賴
的共和分子。而一旦政府的壓制停止，前雅各賓分子很快
就又開始復活。在巴黎，他們的總部是新成立的「萬神殿
俱樂部」(Panthéon club)，至 1795 年底，該俱樂部已又重
新招引了兩千名會員。然而新雅各賓主義公然揭示的「社
會」特質(如果它還稱不上是社會主義特質的話)，卻使得
保守的共和分子因恐懼而轉投入王黨分子的懷抱。督政官
們逐於 1796 年 2 月派出拿破崙查封萬神殿俱樂部及其他
的一、兩個王黨俱樂部。這項行動無疑是昭示了：新雅各
賓主義即使循合於憲法的形式發展，也不能見容於當權者，
於是該派最活躍的代言人巴貝夫(E-N. Babeuf)，便開始走
入地下，並準備武力奪權。巴貝夫的平等主義，衡之於他
主張廢除生產工具私有的這個意義上，毋寧是較所有共和
二年中曾經宣示過的政策都要來得激進。這種主張既不見
容於權貴，亦不爲許多仍自視爲「小有產者」的無套褲漢
所接受。巴貝夫的陰謀因此涉及一個精妙的聯合陣線組織
之建構，其組織成員將不致察覺出領導人的終極意圖。然
而整個計畫不過是場絕望的困獸之鬥，它從來就沒有對政
府構成甚麼太大威脅。督政官們顯然對正在進行中的一切
並不陌生，1796 年 5 月終於下令將這群人的領袖逮捕。他
們把審判過程盡量拖長，好讓政府有機會針對這項陰謀做
「過量」的宣傳，以強調無政府亂象的威脅。巴貝夫及其

巴貝夫。

處決巴貝夫分
子，1796 年。

同夥達爾泰(Darthé)最後遭到槍斃，而另外七人則被放逐。

新政權面臨的第一個主要考驗，來自 1797 年春天進行的選舉。或許因爲得力於政府對巴貝夫陰謀的大力宣傳，王黨分子大有斬獲，且似乎很可能於下屆選舉中就可贏得全面多數。雖然共和分子仍舊掌握了議會，許多地方政權卻已落入王黨分子手裡，而這個結果則是造成了流亡者及頑固派教士的回流，在看好復辟前景的預期心理下，期望有所作爲。此外，對全國的大多數民眾來說，宗教議題仍具絕對重要性，而督政府卻始終無法醞釀出一個穩定持久的宗教政策。這個國家畢竟還是一個羅馬天主教信仰佔壓倒性優勢的國家，而天主教教士則絕大多數依然懷抱忠君思想。熱月黨人所嘗試推行的宗教中立政策，遂因而瓦解。正是督政官們這種既乏權威、或許亦不夠犬儒的態度，才讓後來的拿破崙得以跳脫這個困局，直接與教皇談判尋求妥協。熱月黨人爲企圖取代天主教信仰而提倡「有神博愛教」(theophilanthropy)，但皈依者寥寥無幾；而怪的是，他們對於那些潛在的盟友——試圖調和上帝與共和國緊張關係的所謂「憲政派」教士——卻冷漠地未積極加以爭取。督政官們在宗教上的窘境促成了他們政治上的兩難困局；這種困局非但沒有被解決，還使國家再度面臨了另外一場力量的考驗。

不願消極枯坐以待下屆選舉到來的三位督政官——勒貝爾(Reubell)、拉雷威里埃勒卜(La Réveillière-Lépeaux)

及巴拉斯，於是起而訴諸武力。1797 年 9 月 3 日，在奧吉
勞(P-F. Augereau)的翼助下(此人乃拿破崙自義大利軍團
中，調借予他們者)，他們恣意凌辱議會，將另外的兩名督
政官及五十三名議員驅逐出境。此外，約有半數郡區內的
選舉遭到了取消。緊接著這場果月政變(coup d'état of
Fructidor)而來的，是部分恐怖時期手段的恢復。頑固派教
士和流亡者再一次被令離開法國。逾百名流亡者遭到槍斃，
而教士則有一千八百人被逐。看來對付王黨分子的唯一方
法，似乎就只有重新活絡革命一途了。

政府對於各類王黨分子都一律採取攻擊的行動，帶來
了另一波雅各賓分子的復興。在各省地區，政治活躍分子
截然分隸於兩大陣營的情形，較巴黎猶有過之而無不及。
同時，即使經歷過這些年來的風風雨雨，他們的人數依然
鼎盛。各類王黨勢力的任何一次崛起，都會同時帶來不利
於所有雅各賓分子的迫害行動，反之亦然。果月政變使得
許多共和二年時的老練政治人物，紛紛有機會在各地重出
江湖。而不小心從王黨分子的煎熬中剛剛躍出、卻又重陷
於雅各賓火坑中的督政府，遂開始懼怕 1798 年的選舉將重
現去年的那種尷尬成績──雖然這一次已是基於剛好相反
的理由。破天荒的，政府開始認真透過宣傳、透過對反對
派報紙的鎮壓，以及動員本身密探壓制合法候選人言論等
手段，企圖來「經營」選舉。雖然如此，反擊行動還是慢
了半拍，加以政府對此亦乏經驗，以致各省中部分來不及

被充分告知的密探，竟還試圖努力匯集反王黨分子的支持
力量。

　　1798 年選舉的結果較之前一年，給政府帶來的威脅無
疑已經減少。約有半數的新議員明顯支持政府；剩下來的
雖仍雜有少數王黨分子，大多卻是雅各賓人物。無論如何，
新科議員中包含了兩位曾經在共和二年時服務於公安委員
會的人物：督政府眼中或仍可被接受的林岱，以及於 1795
年的被逐途中僥倖逃脫的巴雷爾。為避免面對這些可畏的
對手，督政官們和議會聯手，將一百零六個區的選舉宣告
為無效。這一回，武力已沒有再被派上用場，當權者運用
了技術上的合法招術。然而這個結果再一次顯示，法國國
內仍未具備一個充分多數的支持力量，足以讓政府恣意揮
灑所謂的革命共識與安排。事實上，督政府在維繫政權本
身的生存之外，應能有更大的作為，但如今，局勢的穩定
與否已攸關其生死，同時所有可以讓新憲法扎根茁壯的機
會，也都已經消逝。

　　翌年，兩項以往常常導致革命墜入暴力方向的痛苦因
素：糧食短缺與軍事挫敗，再度捲土重來。督政府或許還
能撐得過 1799 年收成不佳所帶來的衝擊，但重燃戰火卻意
味著糧食徵用的恢復、信用的削弱及物價的急遽攀升。新
戰鬥的爆發時機起於拿破崙不負責任的埃及侵略行動，而
這個行動本身，與脆弱的督政府樂於放任其遠征多少有些
關係。拿破崙從聖約翰騎士(Knights of St John) 手中奪下

馬爾它(Malta)的初擊行動，連帶使後者的大老闆——俄國的沙皇捲入了戰局，同時也刺激奧地利加入了這個與英、俄聯手的新軍事同盟。法國控制下那些較易受到攻擊的義大利諸共和國，頓時陷於孤立。而另一方面，俄、奧聯軍在瑞士境內發動攻擊，一支英、俄遠征部隊也已在荷蘭登陸。這種情勢就法國人的觀點來看，其實遠不如表面上來得嚴重，主要是因為同盟國間一樣無法團結一致。直到 10 月份拿破崙自埃及返回法國前為止，法軍確實也一直都還能夠掌握得住每一方前線上的情況。儘管如此，軍事情勢的開始逆轉，已經使督政府的信譽受到了一定的傷害。

拿破崙自埃及的不光榮撤退。

　　在議會內，一些政府原來的支持者由於軍事挫敗帶來的失措，轉而加入雅各賓集團。當勒貝爾的任期於 1799 年

西哀士終得其所
應得。

5 月終了時，他的位置爲傾向修憲的西哀士所取代。西哀士
利用雅各賓分子與對現狀不滿者的聯盟，來逼迫他的兩位
同事墨林(P.-A. Merlin)及拉雷威里埃勒卜辭職。徵兵行動
引發了新一波的異議，王黨分子試圖對此加以利用，但並
沒有十分成功。後者之威脅一如國外入侵的危機，到了秋
天已經受到控制。然而，政府本身卻已愈趨孤立，而這個
國家也墜入了一種較以往更不安定的情境。

　西哀士認爲，唯有透過修憲，行政部門才能再被賦予
眞正的統治權力。然而如此一來，勢必需要發動一場新的
政變，爲此他就得爭取到一位將軍的協助。當他的第一人
選，尤貝爾(B.-C. Joubert)，已經於戰鬥中陣亡後，拿破崙

這位最近雖於偏遠的埃及作戰中灰頭土臉、卻仍無損於其做為義大利軍事行動中的英雄威望的將領，似乎是個天賜的替代選擇。然而早已暗中準備推翻督政府的拿破崙，卻是無意平白為他人作嫁。西哀士雖已能夠預見其後果，但仍不得不接受拿破崙提出的條件。危機於霧月(Brumaire) 18 日爆發。翌日(也就是 1799 年 11 月 11 日)，憑藉共和精神奮勇做最後一搏的下議院，拒絕表決自我解散，結果是拿破崙命令軍隊驅離議員(後者已被灌輸過一些特定說法，相信他們的將軍正面臨生命之威脅)。上議院及下議院中的極少數議員，隨後只好同意將權力移轉予三位「執政官」(consul)，而拿破崙，正是其中的一位。

拿破崙發動霧月政變。

　　十年來的革命歷程，已經把這個國家消磨得筋疲力盡，

而民眾對於形形色色的各類政治人物，大多都已不再抱有
任何的幻想與期待。決定拿破崙之勝利的，主要倒非由於
普遍受到輿論歡迎的政變本身之成功，其關鍵在於：值得
人們再爲其奮起而鬥的事物，似乎已經不多。然而他們不
知道的是，接納拿破崙意味的竟是戰鬥從此將不斷的繼續
下去。

結　論

　　法國大革命一口氣製造出了許許多多的迷思，而它呈現在一般大眾面前的諸多象徵，其實就正如瑪麗王后那句無中生有地被傳揚開來的「名言」——「倘若沒有麵包，何不讓他們吃蛋糕？」——那樣的不眞實。大革命並沒有徹底「革」掉了波旁王朝：波旁家族於 1814 年捲土重來，而如果說他們在十六年後終於還是丟掉了王位的話，那也是由於查理十世(Charles X，即前阿圖瓦伯爵)的愚蠢而非其他。大革命也沒有造成法國的高度浴血：整個恐怖的共和二年期間，全國遭到處決的人數，不過只是與一天當中於滑鐵盧(Waterloo)戰役裡倒下來的人數相近。雖然確實的數據已再也無法知曉，但僅是 1944 年法國解放後被處死的人數，顯然就要比前者來得高。合法而不公正的死刑判決是不應被量化的，但其中的比例卻也一定反映了當時的情形。就二十世紀的標準來看，這些流血事件其實都只局限於一個很有限的規模。

　　大革命也沒有將貴族趕盡殺絕；它甚至沒有導致這些人的財產被沒收。貴族的出身難免激起猜疑並使他們比別人更容易遭到逮捕，但這個身分本身卻從未因此而成爲一種犯罪的烙記。某些望族的確蒙受了非常慘重的人命傷亡，但在已知其社會背景的一萬四千名恐怖統治及內戰時期的受害者中，只有區區的一千一百五十八人是貴族。另外則有約一萬六千名的貴族逃離這個國家，並發現他們的財產正面臨被充公的極大危險。不過這些人的巧思鑽營，總是

左上：恐怖時期結束後社交生活的恢復。

左下：沒落的定期食利者(rentier)與新興的暴發戶。

常常足以讓他們規避過相關法律。王朝復辟之後，法國境內最富有的一群人，還是一如既往地由貴族地主擔綱。許多資產階級成員無疑已成功地為自己打造出一個革命前根本就不可能達致的事業生涯，然而不論是屈身於拿破崙還是復辟後的波旁王朝政權底下，中產階級都不曾擁有過顯著的政治權力。通貨膨脹與二十年戰爭下導致的經濟生活扭曲，雖使極少數的個人得利，卻妨礙了整體的工業發展；除此之外，也確保了社會上的影響力與威望將為價值觀及生活方式基本上仍是「貴族式」的軍方所壟斷。

　　所謂「革命帶給了小農們土地」的說法，也幾乎同樣具有誤導性。1789 年時，法國的小農早就已擁有了全國約三分之一的土地，而即使精確的計算已不可能，但他們看來似乎並沒有在教會及流亡者的損失中得到太多。地主們不論貧與富，都從什一稅的廢抑中沾到了好處，而農村社區整體而言確實也擺脫了不少惹人厭煩的事物和某些壓迫性的封建義務。如今或許已有更多的土地可供租用，但其衍生之利潤卻大多仍為地主所享用。革命結束後鄉區暴力事件的趨緩，意味著生活環境已不再如此教人緊繃，但這恐怕主要還是因為土地的人口壓力減少才帶來的。

　　如果我們以探究「誰擁有了甚麼?」這樣的角度來做觀察的話，大革命無疑製造了不少個人成功的事例和一些災難，但沒有一事足以說明這個過程中發生了階級間生產工具擁有權的轉移。有的頂多只是加速了致富成功的城鎮居

民晉身地主社會之過程；以及較興旺之小農們，開始有機
會建立本身的財富和自尊。

　　大革命的重要性其實不在這裡，而在他處。它對法國
人生活層面帶來的影響極大，但卻不易加以精確定義。然
而正如時人於創造出「舊制度」一詞時所領會到的一般，
革命爲一種生活方式劃下了休止符。舊制度義涵著一個君
權神授的君主政體、一個積極涉入國家行政的自主敎會，
以及一個「政府」不過是些皇家大臣與各類法人團體間關
於慣例之無止境談判的階層化社會(這些法人團體的構成
及它們的主張，正是「傳統」具體化的活生生表現)。大革
命則是把一個原本階級化的社會及各省步伐不盡一致的王
國，蛻變爲一個「財產」較「出身」或「衆意」都來得重
要的統一國家。雖然良好的出身依舊可以換來尊敬，但這
一點如今憑藉著可觀的財富也將可以辦到。此外，法律如
今已成了法典化的原則，而不再僅僅是些地方慣例。至於
革命的政治遺產，則是憲政政府和一個至少在理論上人人
平等的開放社會。這是法國第一次夠格被稱做是個「民族
國家」(nation-state)。此後法王再也無法一意孤行，也唯有
拿破崙一世和三世才稱得上是獨裁者。一直要到經過了革
命的洗禮，法國的政府與社會才開始共享了英國的某些旣
有特質；同時，也還是兼有了中、東歐專制君主國與階層
化社會的部分氣質。在整個的十九世紀，法、英兩國都已
可稱得上是自由國家，而與奧地利、普魯士及帝俄形成了

尖銳的對比。

　　然而與英國不同的是，法國畢竟是個已經和傳統割裂的國家。訴諸於傳統的做法，在法國，往往只會帶來齟齬而非諧和。無庸諱言，許多老觀念與態度確實明顯獲得延續，並橫越了革命所造成的鴻溝。舉例來說，波旁王朝中央集權的行政模式(這一點其實也已成爲雅各賓傳統的一部分)，直到目前爲止仍然照行不誤。而革命前法國人就已經存在的文化沙文主義傾向，則爲共和分子相信法國已再一次成爲世人楷模的信念所強化。但除此之外，大部分的傳統事物其實都已經被掃地出門，而新的運作架構，毋寧是在與過去的藕斷絲連中，斷裂多於延續的情形。這種情況帶來的其中一個後果，就是極端的觀點與想法始終得以在這個仍未完全「消化」革命的國家裡佔有一席之地。曾導致督政府陷於癱瘓的中央權力「多頭馬車」現象，在往後法國歷史的許多時期裡，也都一再帶來困擾。另外的一個結果，則是把法國造就成一個內部矛盾而弔詭的國家。自從革命以來，它已出現了一方面旣較英國貴族化、另一方面又較英國平民化的弔詭發展。托克維爾(A. Tocqueville)在探討「紳士」(gentleman)一詞於英國及北美二地，由一個描繪某特定社會群體的詞彙演變爲僅僅是個禮貌性稱謂之過程時，發現了這一點。他指出，在法國，gentilhomme 一詞(現同紳士之意)的普遍用法於革命之後雖即已遭到揚棄，該詞畢竟還是隱約指涉了不同社會群體間的

「質」的區別——一種衆人口中雖已不再談及，卻都仍感
觸得到、心裡有數的社會區別。此外，法國的中產階級在
其國內姍姍來遲的工業革命創造出一個無產階級前，早就
已被他們認知中的「社會主義」嚇得花容失色。而溯自共
和二年及共和三年的記憶，總是如此地刻骨銘心，以至於
有太多的人，都要回頭來算算老賬、報仇雪恨。十九世紀
的法國，同時也是一方面仍然保有非常濃烈的天主教氛圍，
另一方面卻又瀰漫著十分熾烈的反敎士情緒，而這已不是
單純的階級頡頏的另一表現方式。當妻女前往敎堂時，家
裡的男人卻展讀著伏爾泰著作的詭異景象，恐怕也只有在
法國的家庭裡才看得到。簡言之，許多如今都已被視爲「典
型」的法國事物，其實都是在這場將國家過去的傳統扯得
支離破碎的革命之後，才誕生的產物。

　　法國大革命也一手顚倒了時人對英、法兩國的不同刻
板印象。在此之前，英國普遍被視爲社會保守但卻勇於冒
險投機，同時政治上則派系拚鬥激烈。反觀法國，則如博
馬舍(P.-A.-C. Beaumarchais)所言，「一切終歸是些陳腔濫
調」(Tout finit par des chansons)，而政府則諸事折衷。
然而十九世紀時的法國，則已蛻變爲社會上旣非常保守，
政治上卻幾乎已無法進行統治的局面。或許這只是簡單說
明了成功的革命造就了穩定的社會，而法國人於一世紀後
也追隨了英國人的模式。然而法國大革命和英國革命不同
的卻是，它已在全體法國人的歷史意識裡沉澱。想想看，

除了法國，還會有哪一地的報紙會向其讀者問起類似「如
果 1958 年 5 月 13 日 (阿爾及利亞墾殖民發動叛亂的日子)
就是霧月 18 日將如何」這樣的問題？如此彷如一種舉國迷
思的對大革命的高度意識，早成了法國人日常呼吸的空氣
中的一部分。它的身影，一再地於 1848 年及 1871 年重現。
1940 年的維琪 (Vichy) 政府為驅除這個難纏的幽靈，只得
可悲地以「勞動、家庭、祖國」(Travail, Famille, Patrie) 的
訴求來企圖取代那更能激勵人心的組合：自由、平等、博
愛 (Liberté, Egalité, Fraternité)。自由法國部隊的軍人們皆
以繼承了「1789 年精神」為豪，但他們對所謂「1793 年精
神」倒就沒有如此確定了。我們無疑可以將「la Révolution
notre mère」(法國大革命是我們的母親) 這句話譯成英文，
但在英文的脈絡裡它將變得毫無意義。

　　大革命的影響還不僅止於此。它是一樁世界性的事件，
而不僅只是法國歷史上的一段重要插曲。1789 年前，歐洲
各強權的政治家們偶爾確實也需要應付農民叛亂或城市暴
動帶來的動盪，但卻是從未碰到過現代意義下的革命運動。
然而此後革命的威脅不僅已不斷在他們的思緒中浮現，有
時候甚至就已真實地逼到了他們的眼前。法國的革命分子
訴諸於一些他們相信適用於全人類的普世原則，而非只是
針對某個特定時空下的權力要求。正是這一點深深地撼動
了柏克，並使得與他共處於同一時代的另一位傑出人物康
德 (Kant)，受到了激勵。做為一項傳說、一種象徵和一個

迷思，法國大革命無疑已爲世人所共享。這當然並不是因
爲法國人已廢除了他們的內部關稅障礙或他們領主的狩獵
特權。能夠緊緊攫住歐洲及整個大西洋世界的思維的(不論
它是做爲一種啓示抑或警惕)，其實是些更簡單與更普遍化
的價值。一言以蔽之，就是做爲一個人的權力主張以及能
夠勇於清算檢討過去的能力，並主動地爲本身創造足以切
合自我需求的憲法、法律及各項建制。

　　或許，這一切如今都已不再正確。法國以外，1917 年
的革命事件也許已經逐漸取代了法國大革命的重要性。即

革命宗教皈依者
寡。伏爾泰與盧
梭是它的守護
神，但佈道壇與
耶穌受難像卻更
能禁得起時間的
考驗。

使是在法國內部，舊有的象徵也可能已經被迫遜位。1968
年學潮中的學生，已與十年前的阿爾及利亞墾殖民不同，
他們已經轉向其他地方追尋啟示。然而不論未來如何演變，
法國大革命仍將是法國乃至全世界歷史發展過程中的一個
偉大的里程碑。

年　表

出版品

1748　　孟德斯鳩：《法意》(*De l'esprit des lois*)

1749　　《百科全書》(*Encyclopédie*)第一册發行

1758　　伏爾泰：《戇第德》(*Candide*)

1760　　盧梭：《新愛露薏絲》(*Nouvelle Héloïse*)

1762　　盧梭：《民約論》(*Contrat Social*)

1776　　亞當斯密：《國富論》(*The Wealth of Nations*)

事件

1774	路易十六即位
1774-76	杜爾哥就任財政大臣期間
1776-81	內克掌管財政期間
1778	法國捲入美國獨立戰爭
1783	美國獨立戰爭結束 卡洛納繼任爲財政大臣
1787	2 月：權貴會議開始集會 4 月：卡洛納被黜，布里安納繼任 5 月：權貴會議解散
1788	5 月：拉莫農著手進行斲傷高等法院權力的司法改革 6 月：格勒諾勃一地爆發叛亂 8 月：開始召集全國三級會議 召回內克 12 月：第三階級取得雙倍的議員代表權
1789	4 月：巴黎發生動亂 5 月 5 日：全國三級會議開幕

6月17日：第三階級擅將會議改名爲國民會議

6 月 20 日：網球場宣誓

6 月 23 日：路易十六宣布其改革計畫

7 月 11 日：內克被黜

7 月 12 日：巴黎發生動亂

7 月 13 日：國民軍成形

7 月 14 日：巴士底獄陷落

7 月 16 日：召回內克

7-8 月：大恐慌時期

8 月 4-11 日：廢除封建權力與特權

8 月 26 日：人權宣言公布

10 月 5 日：巴黎婦女前進凡爾賽

10 月 6 日：將國王「押」回巴黎

11 月 2 日：教會土地「世俗化」

12 月：開始發行指券

1790　　頒行教士法

將巴黎劃分爲四十八個區

7 月 14 日：歡慶聯盟節

8 月：鎮服南錫兵變

9 月：內克辭職

1791　　4 月：米拉波逝世

6 月 20 日：國王出逃至瓦倫

7 月 17 日：在練兵場上聚會的群衆遭國民軍
　　　　　開火

8 月 27 日：皮爾尼茨宣言 (Declaration of Pil-
　　　　　nitz) 發布

9 月 13 日：國王正式接納憲法

9 月 30 日：制憲會議解散

10 月 1 日：立法會議開議

1792　　4 月 20 日：法國向奧地利宣戰

6 月 13 日：國王廢黜吉倫特黨大臣

6 月 20 日：武裝的示威群衆侵入杜伊勒利宮

7 月 11 日：「祖國正陷危急存亡之秋」
　　　　　布侖斯維克公爵發表強硬聲明

8 月 10 日：起事的巴黎公社發布本身之憲法
　　　　　發動對杜伊勒利宮的攻擊

8 月 23 日：普軍奪下隆維

9 月 2-6 日：監獄大屠殺

9 月 20 日：法軍於法爾梅大捷
　　　　　立法會議解散

9 月 21 日：國民公會開議

9 月 22 日：廢君主立共和

共和元年

11 月：兼併薩伏衣和尼斯

11 月 19 日：頒布義助歐洲革命運動的政令

12 月 10 日：開始進行對國王的審判

1793　　　1 月 21 日：處決路易十六

2 月 1 日：向英國及荷蘭宣戰

2 月 25 日：巴黎爆發糧食暴動

3 月 7 日：向西班牙宣戰

3 月：旺代地區發生叛亂

3 月 9 日：創立革命法庭

4 月 6 日：創立公共安全委員會

5 月：里昂地區發生叛亂

5 月 4 日：對麵粉及穀物實施最高限價措施

5 月 31 日：發動對吉倫特黨人的起事

6 月 2 日：逮捕吉倫特黨議員

6 月 24 日：國民公會表決通過 1793 年憲法

7 月 13 日：馬拉遭暗殺身亡

7 月 17 日：廢除殘餘的領主特權

7 月 27 日：羅伯斯比被選入公共安全委員會

8 月 23 日：頒行全民入伍令

8 月 27 日：土倫港向英軍投降

9 月 4-5 日：無套褲漢發動示威

9 月 17 日：頒行嫌疑法

9 月 29 日：實施薪資與價格管制

10 月 5 日：開始採用共和曆法

10 月 9 日：共和分子重新奪下里昂

共和二年

10 月 16 日：處決瑪麗王后

10 月 17 日：巴黎聖母院舉行崇敬理性典禮

12 月 4 日：「霜月 14 日法」使革命政府的
工作中央集權化
擊敗旺代叛軍主力

1794　　3 月(芽月)：處決埃貝爾分子

4 月(芽月)：處決丹敦分子

6 月 8 日(牧月 20 日)：舉行崇敬上帝的節慶

6 月 10 日(牧月 22 日)：重組革命的司法體系

6 月 26 日：弗勒呂斯大捷

7 月 27 日：逮捕羅伯斯比、桑茹斯及庫東

8 月 1 日：撤銷「牧月法」

共和三年

11 月 12 日：查封雅各賓俱樂部

12 月 8 日：釋放吉倫特黨議員

12 月 24 日：撤銷對薪資與價格的管制

1795　　4-5 月(芽月-牧月)：民心普遍不滿並爆發糧
食暴動

4 月 5 日：與普魯士議和

5 月 31 日(牧月 12 日)：壓制革命法庭

8 月 22 日(果月 5 日)：新憲法誕生

共和四年

10 月 1 日：兼併比利時

10 月 5 日(葡月 13 日)：鎮壓保皇分子的叛亂

10 月 31 日(霧月 9 日)：督政官選舉

1796　3 月：拿破崙當上了義大利軍團總司令

5 月：巴貝夫陰謀曝光

5 月 10 日：拿破崙於洛迪(Lodi)擊敗奧軍

1797　創立「有神博愛教」信仰

4 月 18 日：簽署雷歐本和約

7 月 9 日：內阿爾卑斯共和國宣告成立

9 月 4 日(果月 18 日)：反保皇分子政變

共和六年

1798　5 月：拿破崙出發至埃及

共和七年

1799　5 月：西哀士獲選爲督政官之一

11 月 9 日(霧月 18 日)：政變發生。拿破崙成
了巴黎軍隊的指揮官

11 月10 日(霧月19 日)：選舉拿破崙、西哀士與
杜戈(Ducos)爲執政官

國家圖書館出版品預行編目資料

法國大革命 / 諾曼‧韓普森(Norman Hampson)
著 ； 王國璋譯.－初版.－臺北市 ： 麥田
出版 ： 城邦文化發行 ， 1998〔民87〕
　面 ； 　公分. --（歷史選書 ； 18）
譯自：The French Revolution : a concise history
ISBN　957-708-521-0（平裝）

1. 法國 － 歷史 － 大革命（1789－1804）

742..251　　　　　　　　　　　　87002428